Bernhard Heitz/Andreas Spaeth

PHOENIX

Leben nach dem Feuer

HEEL

BERNHARD HEITZ • ANDREAS SPAETH

phoenix

LEBEN NACH DEM FEUER

Tragisches Ende eines
Fluges um die Welt

Mit einem Vorwort von

NIKI LAUDA

HEEL

Impressum
HEEL Verlag GmbH
Gut Pottscheidt
53639 Königswinter
Telefon 0 22 23 / 92 30 - 0
Telefax 0 22 23 / 92 30 26

Verantwortlich für den Inhalt:
Bernhard Heitz, Andreas Spaeth

Umschlaggestaltung:
ARTWORK Olaf Schumacher, Königswinter

Titelbild:
© Karin Rocholl / STERN

Satz und Lithografie:
ARTCOM, Königswinter

Druck und Verarbeitung:
Ebner Graphische Betriebe GmbH & Co KG

Printed and bound in Germany

ISBN: 3-89365-783-5

Für Harald

So vielen Menschen verdanke ich so vieles:

Meiner Mutter, weil sie mir immer Mut gemacht hat,
auch wenn ihr das manchmal viel zu viel abverlangt hat.

Meinem besten Freund Michael, der ohne besondere psychologische Vorkenntnisse das Kunststück fertigbrachte, meiner Familie ein katastrophales Ereignis auf sanfte Weise beizubringen.

Meiner Schwester, die, wie eine Löwin um ihr Junges kämpfend, dafür sorgte, dass ihr Bruder nach Hause kommen konnte, und ihrer Freundin Renée, die sie dabei vorbehaltlos unterstützte.

Dr. Edward Tredget, den Ärzten, Krankenschwestern und Mitarbeitern des University of Alberta Hospitals in Edmonton, Canada, die mich ins Leben zurückholten.

Der Alberta Burn Rehabilitation Society,
die entscheidend für diese Möglichkeit gesorgt hat.

Meiner lieben Freundin Nicole, die mich nicht nur in Kanada besucht, sondern mir so viel Mut gemacht hat,
und ihrem Freund Ingolf, der sie dabei unterstützte.

Dr. Diethart Pitzler, den Ärzten, Krankenschwestern und Mitarbeitern des BG Unfallkrankenhauses in Hamburg-Boberg, die mich in einer sehr schwierigen Phase meiner Genesung nicht nur ertragen, sondern auch immer wieder angetrieben haben, mehr zu wollen.

Meinem Freund Knud,
der mir immer mit Rat und Tat zur Seite steht.

Jutta und Walter, die mir ihre Freundschaft nicht nur an jenem eisig kalten Oktobermorgen, als ich aus Kanada zurück kam, bewiesen.

Herrn Hans Rahmann und der Stiftung Mayday,
für ihre Hilfe und Unterstützung mir und meiner Familie gegenüber.

Meinen Hamburger Studienkolleginnen, Sandra und Imke,
und meinen Bayreuther Studienkollegen Torsten und Antje
für Zuspruch und Hoffnung.

Meiner lieben Freundin Nicola,
die mir Mut nicht nur zu diesem Buch gemacht hat.

Ray Snyder, der einfach nur da war.

Und Charlie.

Inhalt

Vorwort

Von Niki Lauda

Wenn jemand eine schwere Brandverletzung erleidet, ist es das Wichtigste, sich selbst hinterher voll und ganz damit auseinanderzusetzen. Das gilt für Schwerstverletzte wie Bernhard Heitz ebenso wie für meinen eigenen Fall vor 22 Jahren. Als ich damals furchtbar aussehend aus dem Spital nach Hause aufs Land bei Salzburg zurückkam, bat ich einen Bauern aus der Nachbarschaft zu mir, den ich gut kenne. Als der mich das erste Mal so entstellt gesehen hat, ist er derartig erschrocken, dass ich mir dachte, wenn schon ein Bauer so erschrickt, dann dürfte ich mich überhaupt nicht in eine Großstadt wagen. Aber ich habe mir klargemacht: Das ist jetzt einfach so, dass ich so ausschaue, damit muß ich mich abfinden. Mir war klar, dass ich durch mein damaliges Aussehen Schrecken bei den Menschen ausgelöst habe. Wenn man einmal akzeptiert, dass das ein Faktum ist, dann kann man das auch bewältigen.

Für mich ist es am Anfang sehr interessant gewesen, die Menschen zu beobachten, wie sie mit mir umgehen. Da kann man sich sogar ein positives Spiel draus machen und raten: Wo schauen die zuerst hin? Auf mein verbranntes Ohr? In die Augen? Erschrecken sie sich oder sind sie freundlich? Diese ganzen Dinge spürt man. Ich habe meine Zeit damals damit verbracht zu ergründen, wie die Menschen auf mich neu reagieren – nämlich sehr unterschiedlich. Früher oder später wird es zur Gewohnheit, dass die Menschen einen irgendwie dumm anschauen und man kann damit leben. Je länger man so herumläuft, desto leichter wird es, damit fertig zu werden, bis es einen irgendwann überhaupt nicht mehr psychisch belastet. Natürlich war ich es als bekannter Rennfahrer schon vor meinem Unfall gewöhnt, von den Leuten angestarrt zu werden. Aber danach wurde es anders, es ist eben ein Unterschied, ob man als Formel 1-Weltmeister oder als entstellter Mensch angestarrt wird.

Ich habe mir damals verschiedene Schutzmechanismen aufgebaut, habe zum Beispiel gesagt: Wenn einer von meinem Anblick schokkiert ist, dann ist das sein Problem. Das war nicht Arroganz, das war einfach Selbstschutz. Es gab auf meiner ersten Pressekonferenz fünf Wochen nach dem Unfall den berühmten Fall, dass von hunderten Journalisten einer sagte: „Ihre Frau läßt sich jetzt sicher scheiden." Ich fragte „Warum?" Darauf sagte er: „Wie soll die jetzt mit Ihnen leben, mit so einem Gesicht?" Wenn das einer öffentlich zu einem sagt, da denkt man sich schon, das kann alles nicht wahr sein. Die Zeit unmittelbar nach dem Unfall war schwierig, da muß man sich einen gewissen Schutz aufbauen. So hatte ich dann bestimmte Standardantworten, um einfach die Leute davon abzuhalten, zu tief in mich einzudringen. Auch meine berühmte rote Kappe war ursprünglich ein solcher Schutz, aber die habe ich heute noch auf, weil ich mich daran gewöhnt habe und weil sie mir einfach gefällt.

Inzwischen habe ich meine Narben voll als Teil von mir akzeptiert. Sollte ich mal nicht so glücklich mit meinem Aussehen sein, halte ich mich an einen Spruch von einem Freund von mir, dem ehemaligen Formel 1-Weltmeister James Hunt: „Du kannst glücklich sein, einen Unfall gehabt zu haben – vorher sahst Du noch scheußlicher aus als jetzt." Das war natürlich von ihm als Witz gemeint, aber in Wirklichkeit hilft sowas.

In Amerika ist die öffentliche Behandlung von entstellten Menschen viel freizügiger und nicht so pingelig wie in Europa. Und drüben rennt sowieso jeder mit einer Kappe herum – Leute wie ich fallen da gar nicht so auf. Da müßte man in Europa einfach den Intelligenzquotienten der Menschen erhöhen, um die Akzeptanz von entstellten Menschen zu erhöhen. Wenn die Leute ein Gefühl haben und sich etwas mit einer Situation auseinandersetzen, dann können sie in Extremfällen besser reagieren. Wenn Leute kein Gefühl entwickeln und sich aus den verschiedensten Gründen nicht mit Extremsituationen auseinandersetzen, dann kann man Sensibilität von denen auch nicht verlangen. Das sieht man bei jedem Autounfall: Da gibt es Leute, die normal reagieren, hingehen und helfen, andere rennen hysterisch herum und die dritte Gruppe tut überhaupt nichts, weil sie Angst hat. Genauso ist das in der Begegnung mit sogenannten entstellten Menschen.

Ich kann Menschen wie Bernhard Heitz nur raten, sich mit der Tatsache dessen, was passiert ist, so auseinanderzusetzen, dass es sich auch in der Tiefe für sie erledigt. Es nur oberfächlich zu verarbeiten, bringt nichts, denn dann kommt es immer wieder hoch. Wenn das Thema im innersten Kern erledigt ist, ergibt sich alles andere von allein – durch Gewohnheit und durch das ständige damit Konfrontiert werden. Da müssen sie einen Weg finden, durchzukommen, dann ist es relativ leicht. Ich wünsche Bernhard Heitz, dass ihm das gelingt und er sich nicht unterkriegen läßt.

Wien, im Sommer 1999

1. Kapitel: Anfänge

Der Beginn meiner Flugbegeisterung und erste Flugerfahrungen

„Wer einmal den süßen Nektar des Fliegens geschmeckt hat, wird für ewig mit dem Kopf im Nacken den Himmel betrachten und sich wünschen, er wäre wieder dort oben."

Spruch von Leonardo da Vinci im Luftfahrtmuseum in Edmonton

Fliegen fasziniert mich beinahe so lange ich denken kann. Schon als kleiner Junge baue ich Flugzeugmodelle zusammen und verschlinge Luftfahrtbücher. Schon mit neun Jahren zieht es mich zum Segelflugplatz von Müllheim in Baden, meiner früheren Heimatstadt. Der ist fast sechs Kilometer von unserer Wohnung entfernt, und ich muss einen Truppenübungsplatz überqueren, doch der Flugplatz zieht mich magisch an. Ich schaue fasziniert zu, wie sich die filigranen Segelflugzeuge scheinbar mühelos in die Luft erheben und später punktgenau auf der Graspiste wieder aufsetzen. Ich darf öfter in dem Fahrzeug mitfahren, dass die von den Segelfliegern beim Start ausgeklinkten Seile wieder zurückholt. Doch bald reicht es mir nicht mehr, nur Zaungast zu sein, ich will selber fliegen. Ich bin aber ziemlich schüchtern und weiß nicht recht, wie ich es anstellen soll. Ich kratze mein ganzes Taschengeld zusammen und will mich sogar dazu zwingen, meine Scheu zu überwinden und zu fragen, was wohl ein Mitflug kosten würde. Doch das ist gar nicht mehr nötig, denn man kennt mein Gesicht am Flugplatz Müllheim inzwischen schon und weiß von meiner Begeisterung. Eines Abends will ein Pilot mit seinem schnittigen Segler starten. Aber zum Abheben fehlt ihm noch Gewicht, und er sucht nach Mitfliegern. Jemand zeigt auf mich – und schon ist die Chance zum ersten Flug meines Lebens gekommen. Sehr aufgeregt steige ich in den vorderen Sitz, werde angeschnallt, das Flugzeug in die Winde eingehängt – und ab geht's. Im Cockpit zieht es, ich werde in den Sitz gedrückt – und genieße das Gefühl in vollen Zügen. Frei wie ein Vogel zu schweben erscheint mir als der schönste Zustand, den man erreichen kann. Der Pilot schraubt sich in engen Steilkurven wieder zur Erde, mir ziehen die Flugmanöver die Backen herunter. Angst habe ich keine – mein Glücksgefühl und mein Vertrauen in die Fliegerei sind grenzenlos. Der Flug dauert nur einige Minuten und nach der Landung bin ich seelig. Ich sitze den ganzen Abend stumm in der Ecke und sage kein Wort, bin einfach nur glücklich.

Auch mein Vater begeistert sich für die Fliegerei, doch selber zu fliegen kann er sich nicht leisten, wir leben in einfachen Verhältnissen. Aber er unterstützt mein Fluginteresse. Ich will endlich richtige Flugzeuge sehen, solche wie in meinen Büchern. Nachdem ich lange gedrängt habe, fahren wir an einem Sonntag auf den nächstgelegenen großen Flughafen nach Zürich. Das ist ein besonderer Tag, wir tragen beide Anzug und Krawatte – wie immer bei unseren Sonntagsausflügen. Zuerst gehen wir auf die Besucherterrasse, und ich bin sprachlos vor Staunen. Da rollen die Düsenriesen aus aller Welt vorbei zum Start, die vierstrahligen DC-8 und Boeing 707 mit ihren rauchenden Triebwerken, aber auch schon die ersten Jumbo Jets. Am meisten begeistern mich die Farben der Flugzeuge, allen voran die Bemalung der Swissair-Jets mit ihrem roten Leitwerk.

Doch der eigentliche Höhepunkt kommt erst jetzt: Mein Vater spendiert uns einen Rundflug in einer Cessna 172, dem Volkswagen der Lüfte. Die Tickets kosten wohl ein Vermögen, denke ich damals. Ich sitze ganz hinten und drücke meine Nase an die Scheibe, als wir abheben. Wir sind viel schneller als in dem Segelflugzeug, in dem ich meinen ersten Flug gemacht habe. Ich starre staunend auf die Erde mit ihren Ortschaften und Autos so groß wie Spielzeug. Mühelos zieht die Cessna über Wälder, aufragenden Bergketten und dem Zürichsee ihre Runden. Jetzt habe ich endgültig mein Herz an die Fliegerei verloren. Seit diesem Tag starre ich immer zum Himmel, wenn ein Flugzeug auftaucht. Das hat sich bei mir nicht geändert, und allen wirklich Luftfahrtbegeisterten geht es ähnlich.

Die Jahre vergehen, ich komme nach dem Tod meines Vaters 1978 ins Internat in die Schweiz, später wechsle ich in ein Internat in Kalifornien und anschließend an die Pepperdine University in Malibu. Hier den Flugschein zu machen, wäre ideal gewesen, doch ich habe kein Geld dafür übrig. Erst als ich aus Amerika zurückkehre, erzählt meine neue Freundin Anja immer häufiger von ihrem Großonkel, dem Cousin ihres Vaters, der ein eigenes Flugzeug besitzt. Ich lerne diesen Dr. Fresenius auch kennen, ein paar Mal sehe ich ihn kurz.

Als Anja ein Au-pair-Jahr in den USA einlegt, treffe ich mich mit ihr, ihren Eltern und Dr. Fresenius im Juni 1987 bei Anjas Halbschwester in Washington D.C., um mehrere aufeinanderfolgende Geburtstage zu feiern. Als ich auf dem Washingtoner Flughafen Dulles International lande, treffe ich zufällig Dr. Fresenius. Er ist gerade per Linienflug aus Hamburg angekommen und erzählt mir, dass von einem benachbarten Privatflugplatz jemand gerade mit einer Cessna 172 auf dem Roten Platz in Moskau gelandet sei. Mathias Rust, der halsbrecherische Kremlflieger, war tatsächlich von Uetersen bei Hamburg auf seine Wahnsinnreise aufgebrochen, die mit der spektakulären Landung am 29. Mai 1987 endet. Auf dem Weg vom Flughafen Dulles zu Anjas Halbschwester sagt Fresenius im Taxi zu mir: „Nenn' mich doch einfach Harald" – der Beginn einer langen Freundschaft.

Nachdem die privaten Feiern beendet sind, fahren Harald und ich mehrmals in das riesige Air and Space Museum in Washington D.C., dem größten Luftfahrtmuseum der Welt. Hier hängt zum Beispiel das Flugzeug „Spirit of St. Louis" von der Decke, mit dem Charles Lindbergh im Mai 1927 erstmals den Atlantik überquert. Wir sind morgens die ersten in dem weitläufigen Gebäude und verlassen es abends als letzte Besucher. In unserer gemeinsamen Flugbegeisterung können wir gar nicht genug bekommen von der umfangreichen Ausstellung mit Flugzeugen, Hubschraubern und Raketen aus allen Epochen.

Zurück in Deutschland absolviere ich meine Bundeswehrzeit und beginne dann in Bayreuth ein Jurastudium. Auch hier gibt es einen

Flugplatz, und ich wälze den Gedanken hin und her, ob ich trotz des hohen Preises von rund 15.000 Mark meinen Flugschein machen soll. Ich rufe Harald an, und der ist begeistert: „Ich wollte Dich sowieso zu meinem fünfzigsten Geburtstag nach Hamburg einladen, und da kriegst Du dann das Medical.“ Harald ist einer der wenigen Fliegerärzte in Deutschland, der alle flugmedizinischen Tauglichkeitszeugnisse bis zur Klasse 1 für Airline-Piloten ausstellen darf. Auf der Geburtstagsfeier in Hamburg treffe ich zum ersten Mal Walter Brix, der gemeinsam mit Harald ein Flugzeug betreibt. Walter wird später mein Fluglehrer. Von Harald bekomme ich wie versprochen mein Medical, den Nachweis der körperlichen Flugtauglichkeit. Die Bescheinigung gilt zwei Jahre, doch ich mache auch in diesem Zeitraum meinen Flugschein nicht – zu teuer für einen Studenten. Obwohl ich den Bafög-Höchstsatz bekomme, ist an solche Extravaganzen wie Fliegen lernen nicht zu denken.

Doch trotzdem verliere ich das große Ziel nicht aus den Augen: Ich fahre Taxi, um das Geld zusammenzukriegen. Auf einen großen Bogen Millimeterpapier male ich eine Cessna als Symbol für die Kosten des Flugscheins und rechne aus, welchem Wert ein Kästchen entspricht. Immer, wenn ein paar Mark zusammengekommen sind, male ich wieder ein paar Kästchen schwarz aus. Wenn ich das Geld für etwas anderes brauche, müssen wieder einige Kästchen aus dem Millimeterpapier ausradiert werden – was mir jedesmal in der Seele weh tut. Schon wenn ich in einer Bäckerei ein Brot kaufe, kreisen meine Gedanken darum, wieviel Prozent eines Kästchens dies wohl entspricht.

Dann ruft Harald wieder an und sagt: „Das hat alles keinen Zweck, Du kommst jetzt nach Hamburg, hier auf dem Fluplatz Hartenholm kriegst Du den Flugschein etwas günstiger. Wenn Du ihn jetzt nicht machst, machst Du ihn später, wenn Du erstmal arbeitest, erst recht nicht." Ich frage meine Mutter: „Soll ich das machen?" „Ja", sagt sie und ist auch bereit, mir für die Verwirklichung meines Traums noch etwas Geld dazuzugeben. Noch vor der ersten Flugstunde fliege ich einige Male bei Harald mit. Der Mediziner hat sich in insgesamt 32 Jahren als Pilot langsam die Modellpalette emporgearbeitet. Von der Cessna 182 RG, einer leichten, eleganten Einmotorigen, über die Cessna 210, dem schnellen Top-Modell unter Cessnas Einmotorigen, schließlich zur Mooney.

Er bekommt das Flugzeug 1990 von seinen Eltern geschenkt und plant seitdem, auf einer weiten Reise „die Maschine mal richtig auszunutzen", wie er sagt. Die Turboprop mit der genauen Typenbezeichnung M20K 252 TSE trägt die Registrierung D-EHCT, heißt also in der Fliegersprache „Charlie Tango." „TSE" steht übrigens für „Turbo Special Edition" und eine besonders üppig mit Turbolader ausgestattete Serie, die eine Spitzengeschwindigkeit von 405 km/h erreicht. Das Urmodell der Mooney flog bereits 1953 und verfügte auch schon über ein Einziehfahrwerk und das auffällig nach vorn geschwungene Seitenleitwerk. „Charlie Tango" ist erst 1989 bei den Mooney-Werken in Kerrville/Texas gebaut worden, ihr Vorbesitzer hat sie gerade mal 150 Stunden geflogen, darunter nach Karachi in Pakistan. Sie kann 1315 Kilo zuladen, ihr Motor verfügt über sieben Liter Hubraum und leistet 210 Pferdestärken. Mit einer Reisegeschwindigkeit von 310 km/h ist die Mooney die schnellste Einmotorige auf dem Markt. Andere gängige Privatflugzeuge schaffen gerade eine Reisegeschwindigkeit von etwa 180 km/h. Die Mooney erreicht noch im Anflug eine Geschwindigkeit, die fast dem höchsten Reisetempo der Cessna 152 entspricht.

Walter Brix holt mich bei Harald ab, bei dem ich in dieser Zeit wohne. In Hartenholm, einem kleinen Privatflugplatz nordöstlich von Hamburg, beginnt die erste Flugstunde mit einem Schnupperflug. Doch erstmal betrachten wir das Schulflugzeug mit all seinen Geheimnissen ganz genau: Zum Beispiel das Staurohr, ein kleines Rohr mit Öffnung direkt in Flugrichtung. Dort strömt der Fahrtwind hinein und man kann die Geschwindigkeit des Flugzeugs messen. Dieses darf nie verstopft sein, wie es etwa bei dem abgestürzten Birgenair-Jet passierte. Dort hatten sich Insekten in dem Rohr eingenistet und bewirkt, dass die Geschwindigkeit falsch angezeigt wurde, was durch Fehlinterpretationen der Piloten schließlich zur Katastrophe führte. Oder die Triebwerksabdeckung, wo jeder Pilot aufpassen muß, dass nicht unbemerkt Vögel darin ihr Nest bauen. Ich lerne auch, wie man den Propeller überprüft – das alles gehört zu einem kompletten Pre-Flight-Check. Erst nach dieser Prozedur klettern wir ins Cockpit.

Ich sitze auf dem linken Sitz, dem Platz des Piloten, und bin ziemlich nervös. Walter macht vom rechten Sitz aus den Start, aber ich habe schon die Hand mit am Steuerhorn, um das Gefühl dafür zu bekommen. „Bei 60 Knoten musst Du abheben, Du spürst, es zieht Dich schon von allein hoch", erklärt Walter. Kurz darauf schwebt die Maschine über Neumünster. Neben der Autobahn liegen vier Seen, die wir in Doppelachten umkreisen. Ich steuere jetzt die gutmütige Cessna 152, aber ganz vorsichtig. Dann landen wir, aber Walter startet gleich durch und wir landen nochmal, ich darf alles schon fast allein machen. Auch als später Harald seinen Freund Walter über die ersten Erfahrungen mit mir als Flugschüler befragt, antwortet der: „Das ist ein ganz Vorsichtiger." Ich bin begeistert von der ersten Flugstunde und stürze mich voll in das Abenteuer Flugschein.

Ich fahre fortan sechs Wochen lang an jedem Tag nach Hartenholm und drehe meine Platzrunden. Es hat mich jetzt richtig gepackt und ich kann meine Begeisterung endlich richtig ausleben. Ich fliege weit mehr, als einem Flugschüler pro Tag eigentlich erlaubt ist. Bei den meisten Stunden sitzt Fluglehrer Dirk Sprechelsen auf dem rechten Sitz des Copiloten und versucht mir eindringlich klarzumachen, wo es mit meinen frischerworbenen Flugkünsten noch hapert: Ist die Maschine ein paar Meter höher als vorgegeben, drückt sich Sprechelsen die Gurgel zu und ruft: „Ah, ich krieg' keine Luft!" Gerate ich etwas zu tief unter die Idealhöhe für eine ordentliche Platzrunde, schreit der Fluglehrer in gespielter Panik: „Wir stürzen ab, wir stürzen ab!" Ein anderer Fluglehrer schafft es, meine Landetechnik zu verfeinern, was als schwerster Teil der praktischen Ausbildung gilt. Nicht umsonst glaubt man in Fliegerkreisen an die Regel: Je mehr verschiedene Fluglehrer, um so besser. Von vielen Köchen, die angeblich den Brei verderben, ist hier keine Rede.

Neben dem Platzrundenfliegen drücke ich in den Theoriestunden die Schulbank. Langsam geht es voran, 80 Theoriestunden und 35 Flugstunden sind bis zur Prüfung mindestens nötig. Ich habe meine Ziele schon klar vor Augen, bevor ich den begehrten Schein besitze: Ein Trip mit einem Privatflugzeug in die USA, das wäre das Größte. Das erscheint mir damals als das Nonplusultra, weiter denke ich erstmal nicht, das wäre der Gipfel meiner Träume.

Der entscheidende Tag auf dem Weg zum Flugschein ist der Tag des ersten Alleinflugs. Die Flugschule dreht es so, dass dieses Ereignis auf den 1. Oktober 1992, den Tag meines 30. Geburtstags fällt. Ich hätte auch schon eine Woche vorher allein fliegen können, bereits nach sechseinhalb Flugstunden hätten mich die Lehrer allein fliegen lassen. Sie entscheiden zusammen mit einem Gutachter, wann ein Schüler soweit ist. Normal sind etwa zehn bis zwölf Flugstunden vor dem ersten Alleinflug, wobei das eine ganz schön lange Zeit ist, wenn man bedenkt, dass eine Platzrunde etwa sieben Minuten dauert. Die Schule hat extra mal nachgeguckt und es stellte sich heraus, dass niemand dort je früher allein fliegen durfte als ich.

Als ich am Tag meiner praktischen Prüfung Anfang Dezember 1992 in Hartenholm ankomme, herrscht am Platz noch Winternebel. Mein Prüfer ist als hart aber gerecht bekannt – das ist mir nur recht, ich bin gut vorbereitet. Vorher hat mich die Fluglehrerin Tina noch in die Geheimnisse der Kursberechnung mit dem Navimaten, einer Art Geo-Dreieck, eingewiesen. Dabei verschweigt sie aber nicht, dass man dabei leicht den Gegenkurs der angestrebten Strecke abliest. Das passiert mir nur einmal – ausgerechnet am Tag der Prüfung! Im Flieger bemerke ich den Fehler und fliege dennoch die korrekte Strecke, indem ich den eigentlichen Kurs durch Hochrechnung bestimme. Abgesehen von dieser Panne verläuft die Prüfung gut. Zuerst muss der Prüfling am Boden die Navigation für die geplante Strecke machen, dann den Pre-Flight-Check, und dann schließlich den Flug zusammen mit dem Prüfer. Der wird gegen Ende nochmal schwierig: Aus 2000 Fuss Höhe muss man ein Notlandeverfahren einleiten und die Landestrecke so berechnen, dass es genau hinkommt. Ich verschätze mich etwas, doch zum Glück kreuzt mein Fluglehrer während einer Hubschrauber-Flugstunde meinen Weg und der Prüfer sagt: „Geben Sie mal etwas Gas" - so kann ich noch eine glatte Landung hinlegen und denke, dass ich bestanden habe. Doch dann erwischt mich der Prüfer nochmal eiskalt mit einer Frage: „Wenn Sie den Motor anstellen und vorn kommen Flammen raus – was ist das?" Wegen der Panne bei der Landung bin ich ein bisschen aufgeregt und weiß nicht mehr genau, wie das heißt. „Verdammt", sage ich halblaut und der Prüfer fällt mir begeistert ins Wort: „Vergaserbrand – genau!" Ich bestehe und bin als einer von rund 44.000 Deutschen stolzer Besitzer des PPL-Scheins, der Privatpilotenlizenz.

Als frischgebackener Privat-Flugzeugführer begebe ich mich zurück an meinen Studienort Bayreuth. Im benachbarten Speichersdorf kann ich auf der Cessna 172 weitere praktische Erfahrungen sammeln, hier ist das Fliegen noch erschwinglich: Eine Stunde in der

Cessna kostet 190 Mark, eine Landung nochmal fünf. Im Frühjahr 1993 trage ich stolz die zehnte Flugstunde in mein Logbuch ein und fühle mich beinahe schon wie ein erfahrener Luftkutscher. Da ruft Harald an und fragt: „Hast Du nicht Lust, mit mir in der Mooney in die USA zu fliegen?" Ich habe gerade mein Funksprechzeugnis für den Blindflug erworben und bin hin und weg, mein Traum scheint Wahrheit zu werden. „Ja, ich komme mit und kümmere mich um die Navigation und den Flugfunk", verspreche ich begeistert meinem Fliegerfreund. Ein Flug über den Großen Teich mit einer Einmotorigen ist immer noch ein Abenteuer, dass erst wenige hundert mal bewältigt wurde.

Die Vorbereitung der großen Reise beginnt mit guten Ratschlägen erfahrener Freunde. Michael Schulz ist schon mehr als hundert mal mit kleinen Flugzeugen über den Atlantik geflogen und stattet uns beide mit Überlebensanzügen aus. Walter Brix hilft mit einem Satellitennavigationssystem und erklärt uns, wie dieses damals neuartige GPS funktioniert. In den hinteren Teil der Mooney wird ein Zusatztank eingebaut, seine Entlüftung führt durch das Seitenfenster des Piloten nach draußen. Damit werden gefährliche Dämpfe abgeleitet und dank der Druckunterschiede und der Schwerkraft beginnt der Sprit zu fließen. Nur mit diesem Extra-Sprit können wir weite Strecken über Wasser sicher bewältigen, denn die Mooney schafft mit vollen Tanks und bei Reisegeschwindigkeit nicht einmal 2000 Kilometer nonstop. Von Deutschland an die US-Ostküste sind es aber über 6000 Kilometer.

Die erste große Reise mit der Mooney

An einem Junitag des Jahres 1993 starten Harald und ich bei tiefhängenden Wolken in Hartenholm zu unserem transatlantischen Abenteuer. Der erste Stop ist Århus in Dänemark, wo wir alle Tanks, auch jenen auf der Rückbank, bis zum Anschlag füllen lassen. Die Dänen zeigen sich erstaunt, dass wir mit unserem kleinen Flugzeug noch rund 1000 Kilometer weiter bis nach Island wollen, nicht ahnend, dass das eigentliche Ziel Florida heißt. Dorthin sind es für uns von Hartenholm über 11.000 Kilometer oder 40 Stunden in der Luft. Die Lufthansa dagegen weist von Frankfurt nach Miami nur 7800 Kilometer aus. Große Jets können die direkteste Runde nehmen und dem sogenannten Großkreis folgen, während wir in vielen kleinen Hüpfern weit von der Ideallinie abweichen müssen.

Mit angelegten Überlebensanzügen für den Fall einer Notwasserung heben wir ab zur langen Etappe nach Reykjavik, der Hauptstadt Islands. Eine Stunde, bevor die isländische Küste in Sicht kommt, macht allerdings der Zusatztank Probleme, dessen Inhalt durch simple Schwerkraft in den Haupttank gelangen soll. Ich betätige immer wieder den Tankwahl-Schalter hinter dem Pilotensitz, doch zunächst tut sich nichts. Eine peinliche Situation, denn wenn der Sprit nicht in den Motor gelangt, hätten wir irgendwo notlanden müssen. Aber aus Treibstoffmangel den Notfall zu erklären, während auf der Rückbank 100 Liter Sprit nutzlos im Tank schwappen, das wäre schwer zu erklären gewesen. Harald geht vorzeitig in den Sinkflug und rechnet sich aus, dass es mit ein bißchen mehr Fahrt bis zur rettenden Küste Islands gerade so reichen könnte. Doch es geschieht irgendwann ein kleines Wunder, der Treibstoff aus dem Zusatztank fließt, und wir können unser Gesicht wahren. Wir landen glatt auf dem Inlandsflugplatz direkt neben dem Stadtzentrum von Reykjavik. Sehr praktisch, denn direkt am Flugplatz liegt das Hotel Loftleidir, in dem wir eine komfortable Nacht verbringen. Gut, dass die Zimmer schwere schwarze Vorhänge haben – draußen wird es im Sommer nie richtig dunkel, obwohl Island knapp südlich des Polarkreises liegt.

Am nächsten Tag geht's weiter gen Westen, die Strecke von Reykjavik nach Söndre Strömfjord in Westgrönland ist fast eine transatlantische Rennstrecke. Die großen Passagierjets fliegen hier zwar niemals hin, sie schaffen heutzutage selbst den Trip von Moskau bis an die US-Westküste nonstop. Aber es gibt zu jeder Jahreszeit eine erstaunliche Zahl von privaten und sogenannten Ferry-Flügen mit kleineren Jets oder Turboprops, die sich über Nordeuropa, Grönland, Neufundland und Labrador über den großen Teich hangeln. Und den Anblick Grönlands aus Reiseflughöhe vergisst man nicht so schnell.

Bei gutem Wetter ist vor allem die Ostküste der größten Insel der Welt mit ihren tiefen, auch im Juli oft noch vereisten Fjorden und daneben steil aufragenden Bergketten spektakulär. Fliegt man über dem mächtigen Panzer des Inlandeises, das bis zu vier Kilometer dick ist, lässt sich aus dem Flugzeug schwer sagen, ob man über einer Wolkendecke oder über Eis fliegt. Auch der Horizont zeichnet sich selbst bei klarem Wetter nicht deutlich ab, eine Trennung zwischen Eis und Himmel ist schwer auszumachen. Auch wir sind überrascht, als wir die eisige Wüste in einer Flughöhe von 13.000 Fuß, rund 4000 Meter, überqueren, uns dabei aber nur etwa 1000 Meter über Grund befinden. Ein Blick auf die Luftstraßen-Karte zeigt, dass sich das Inlandeis unter uns bis zu drei Kilometer hoch auftürmt.

Gut zwei Stunden vor dem Anflug auf den Flughafen entsteht in der Nähe der auf das Eis gebauten amerikanischen Radar-Station Seabass ein Funkloch. Ohne ein HF-Funkgerät für hohe Frequenzen hat die Mooney für einige Zeit keinen Kontakt mehr zur Außenwelt, ein beängstigendes Gefühl. Als wir uns der Küste nähern, entfaltet sich Grönland als traumhafte Kulisse. Auf dem Inlandeis leuchten Schmelzwasserseen in einem außerirdisch intensiven Türkisblau, in langen Zungen geht das Eis über in zerklüftete Felslandschaft. Der

Flughafen Söndre Strömfjord wurde als riesige US-Luftwaffenbasis im 2. Weltkrieg errichtet und vor kurzem vom US-Militär völlig geräumt. Heute lebt hier vor allem dänisches Personal, das in Kangerlussuaq, wie der Ort jetzt heißt, den einzigen großen internationalen Flughafen Grönlands betreibt.

Hier ist das Haupteinfallstor der ehemaligen dänischen Kolonie, die heute weitgehend Selbstbestimmung genießt. „Guck mal, da ist der Flughafen", ruft Harald plötzlich und fährt das Fahrwerk aus. Ich blicke auf das GPS und sehe, dass es noch 80 Meilen bis zur Landung sind. „Das kannst Du wieder einfahren, wir fliegen noch eine halbe Stunde", antworte ich. Die Luft über Grönland ist so klar, dass man sich als Europäer bei den Distanzen sehr leicht verschätzt. Nach einer weiten Schleife um den Flughafen geht die Mooney über dem Fjord in den Endanflug und setzt am frühen Nachmittag auf der langen Piste auf, die selbst für Jumbos ausreicht. Es ist der 1. Juli 1993, in der Vorwoche hat es hier noch geschneit, die Bahn ist geräumt, doch drumherum liegt überall Schnee. Die Bedingungen sind ideal, und wir beschließen, gleich weiter nach Frobisher Bay in Kanada zu fliegen. Nach dem Betanken beginnt die nächste Etappe, jedoch nicht ohne vorher ein paar Postkarten aus Grönland abzuschicken.

Frobisher Bay, das heute von seinen Inuit-Bewohnern wieder Iqaluit genannt wird, ist am 1. Juli wie ausgestorben. Als die Mooney auf dem Vorfeld des modernen Flughafens mitten in der hohen Arktis steht, kommt nicht wie erwartet der Zoll. Auf Nachfrage sagen die Tower-Lotsen: „Heute ist Kanada-Tag, unser Nationalfeiertag. Wir haben den Zöllner schon gerufen, aber das dauert noch ein bisschen, der muß extra von einer Familienfeier kommen." Schwärme von Mücken hüllen das Flugzeug ein, als wir aus dem Cockpit klettern. Diese Plagegeister sind den inzwischen eingetroffenen Zöllner natürlich wohlbekannt, sie lachen: „Hier gibt es nur zwei Jahreszeiten:

Mücken und keine Mücken." Die Winde wehen an diesem Tag so günstig und wir gewinnen durch den Westkurs ja immer neue Stunden hinzu, dass wir beschließen, noch eine letzte Etappe einzulegen. Sie führt nach Labrador City, doch als wir über der Stadt sind, quält uns Müdigkeit. Harald sagt: „Da sind die Lichter" und will schon zur Landung ansetzen, bemerkt aber noch rechtzeitig, dass es sich bei den Lichtern um eine beleuchtete Eisenbahnstrecke handelt. Der Flugplatz liegt in Wirklichkeit im 90 Grad-Winkel dazu.

In Bangor im US-Bundesstaat Maine absolvieren wir am nächsten Tag die Einreiseformalitäten in die USA – beinahe mit Hindernissen. Harald gibt unbedacht an, der Zweck der Reise sei „Business" - da wäre ein Zoll von 40.000 Dollar auf die Mooney fällig gewesen, was ich trotz der strengen Zollbeamten gerade noch verhindern kann. Und Harald hat seinen alten Paß mit dem Visum vergessen – doch die Beamten stellen ihm gnädig ein temporäres Visum für die einmalige Einreise aus. Über eine weitere Station südlich von New York erreicht die Mooney schließlich Florida. In Fort Lauderdale ist sie bereits angemeldet, damit bei einem Spezialbetrieb zusätzliche Tanks in die Tragflächen eingebaut werden – schließlich hat ihr Besitzer noch weitreichende Pläne mit seinem Flugzeug.

Zwei Wochen soll der Umbau dauern, schließlich schaffen es die flinken Spezialisten in zehn Tagen. Fast 400 Liter Sprit passen nun in die Tanks, die Flugdistanzen von bis zu 3700 Kilometern oder 12 Flugstunden nonstop erlauben. Doch solche Entfernungen übersteigen den vorhandenen Sauerstoffvorrat für die Piloten. Da die „Charlie Tango" über einen Turbolader verfügt, kann das Flugzeug auf Flughöhen von fast 10.000 Meter steigen, wo sich sonst eher die großen Jets tummeln. Hier braucht man entweder eine Druckkabine, die die Mooney nicht hat, oder ein Sauerstoffsystem mit Masken, damit die Insassen nicht an akutem Sauerstoffmangel leiden. Wir haben daher extra noch zwei tragbare Sauerstoffflaschen mitgenommen, jeder verfügt über ein eigenes System, schon ab Flughöhen von 3500 Metern müssen wir die Masken anlegen. Ein Kurztrip von Fort Lauderdale auf die Bahamas zeigt, dass der Flieger nach dem Umbau gut in Schuss ist. Über Washington D.C. geht es schließlich auf die Rückreise nach Europa.

Zuerst landen wir in Moncton in der kanadischen Provinz New Brunswick. Hier wird von den Behörden vor der langen Überwasser-Strecke der Transatlantik-Check aller kleinen Flugzeuge gemacht. Sie überprüfen, ob alle vorgeschriebenen Instrumente und Rettungsausrüstungen an Bord sind. Die Flugberater in Moncton warnen uns: „St. John's in Neufundland ist einer der zehn Flughäfen der Welt mit dem schlechtesten Wetter überhaupt." Prompt entpuppt sich der knapp 1000 Kilometer lange Weg zur östlichsten Stadt Kanadas als Höllenritt. Die Mooney wird derart durchgeschüttelt, dass ich mir immer wieder den Kopf stoße. Fünf Minuten vor der Landung geht auch noch ein unheimliches Getöse im Flugzeug los. Harald denkt, dass einer der Notfallsender ausgelöst worden ist, doch das ist es nicht. Kaum 150 Meter über Grund purzelt die gebeutelte „Charlie Tango" aus den Wolken und findet sich auf einem Anflugkurs eine halbe Meile neben der Landebahn. Doch das lässt sich noch korrigieren, weil die Runway von St. John's ausreichend lang ist. Am Boden findet man heraus, dass die Überziehwarnung für den Lärm verantwortlich war, die normalerweise den drohenden Strömungsabriss über der Tragfläche vorankündigt. Keiner weiß aber, warum sie angesprungen ist.

In St. John's wird das bereits in Florida eingebaute HF-Funkgerät aktiviert, das auf dem folgenden Weg nach Santa Maria auf den Azoren allerdings nur leidlich funktioniert. Die Strecke führt knapp 2800 Kilometer und fast neun Stunden nonstop über Wasser, die längste Flugstrecke, die Flugzeug und wir Piloten bis dahin je ohne Zwischenstopp bewältigen. Erst auf unserer Weltumrundung werden wir auf der Strecke von Hilo auf Hawaii nach Palo Alto in Kalifornien später neun Stunden und 40 Minuten in der Luft sein und diesen eigenen Rekord brechen.

Nach einer Nacht auf den Azoren steht nochmal eine allerdings etwas kürzere Gewalttour über Wasser an, die bis nach Gerona in Nordostspanien führt. Spät nachts landet die Mooney am Mittelmeer. Die vorletzte Etappe führt schließlich nach Freiburg, wo meine Mutter lebt und schon einen Tag vergeblich am Flugplatz auf uns gewartet hat. Sie sorgt für ein köstliches Picknick, bevor es am selben Tag noch weitergeht zum Ausgangspunkt dieser langen Reise, nach Hartenholm. Hier empfängt uns nur Haralds Freundin Gerlinde, sonst kümmert sich keiner groß um die Ankunft von uns Weitgereisten. Dass wir mit der Mooney über den Atlantik geflogen sind, sorgt für kein größeres Aufsehen.

Neue Reisepläne

Nach der erfolgreichen Amerikareise rückt Harald damit heraus, dass sein eigentlicher Traum eine Reise mit der Mooney nach Neuseeland ist und die gerade gemachte Tour für ihn schon ein Vorbereitungsflug war. Natürlich hat er auch mit diesen Ideen im Hinterkopf in Florida die Zusatztanks für Langstrecken einbauen lassen. Allerdings ist nicht die Rede davon, dass ich an dieser Mega-Tour beteiligt sein soll, ich kehre nach meiner ersten Reise im Cockpit eines Flugzeugs an meinen Studienort Bayreuth zurück.

Einige Male besucht mich Harald, wir reden dabei natürlich nur vom Fliegen und einer Neuseeland-Reise. Immer ist ein Atlas oder

Globus in Reichweite, mit dem Finger werden mögliche Routen erkundet. „Wenn wir das machen, müssen wir das Flugzeug noch besser kennen", sagt Harald. Das Fliegen ist ein ständiges sich Verbessern, es gibt keine Landung, die man nicht noch optimieren könnte, kein Notverfahren, dass man nicht noch mehr verinnerlichen kann. Etwa ein Jahr nach der ersten gemeinsamen Reise wechsle ich meinen Studienort und ziehe nach Hamburg, ganz in die Nähe meines Fliegerfreundes. Der Grund ist eigentlich nicht die Fliegerei, sondern mein Jurastudium. Aber ganz ohne Fliegen geht's auch nicht: An Mittwochnachmittagen bilden wir ein Team: Ich chauffiere Harald zu seinen Patienten, so spart er viel Zeit und kann mit mir anschließend noch einen Flug machen.

Harald drängt zum nächsten Schritt: „Wir müssen nach San Antonio in Texas fliegen, um bei der Firma Flight Safety eine spezielle Sicherheitseinweisung auf der Mooney zu bekommen." Dort bekommt man die Bauweise und Funktion des Flugzeugs bis ins kleinste Detail eingepaukt, das Motto von Flight Safety empfindet Harald als gerade richtig für die Verwirklichung seiner großen Pläne: „The best safety device in any aircraft is a well-trained pilot" - bei der Sicherheit eines Flugzeugs geht nichts über einen gut trainierten Piloten. Doch ich zögere – mir ist das Ganze zu teuer, „das kann ich mir nicht leisten", sage ich Harald. Dass ich tatsächlich nach Neuseeland mitkommen soll, liegt zu dieser Zeit noch außerhalb meiner Vorstellungskraft – zumal ich mir eine solch weite und lange Reise erst recht nicht leisten kann.

Im Juni 1994 beginnt dann unsere zweite Amerika-Reise. Harald finanziert den Trip. Er meint, wenn ich nicht wäre, hätte er sowieso einen Copiloten bezahlen müssen. Außerdem seien die Kosten für mich auf 30 Jahre verteilt nur so teuer wie ein Bier pro Tag. Diesmal geht es dank der Zusatztanks direkt von Hamburg nach Reykjavik, von dort nach Goose Bay in Labrador und weiter über Bangor nach Florida. Dort ist die technisch aufwändige 100-Stunden-Kontrolle der Mooney fällig, anschließend geht es zu einem Abstecher nach Cancun in Mexiko. Der Rückweg in die USA führt über Texas, doch wir versäumen, in unserem Jeppesen-Flughandbuch nachzulesen, dass der Zoll eine Stunde vor der geplanten Landung zu benachrichtigen sei. Zur „Strafe" müssen wir nach der Ankunft eine Stunde im Flugzeug auf den Zoll warten, und das bei einer Bruthitze von 45 Grad Celsius auf dem Vorfeld. Die Kontrolle ist dann sehr streng, das Flugzeug wird genau geprüft, sogar ein Spürhund schnüffelt in jede Ecke. „Wenn das nochmal passiert, gibt es eine dicke Strafe und das Flugzeug wird eingezogen", drohen die Zöllner, lassen uns dann aber ziehen. Wir sind erleichtert und fliegen wie geplant nach San Antonio in Texas zu Flight Safety.

Die Sicherheitsschulung ist wirklich gründlich, wir lernen unser Flugzeug in- und auswendig kennen, erst im Klassenzimmer, dann im Simulator, schließlich wirklich in der Luft. Harald wird dabei schon im ungewohnten Simulator schlecht, wo wir Notverfahren pauken müssen: Was tun bei Ausfall von Funk, verschiedener Instrumente oder gar des Motors? Derart theoretisch und praktisch gerüstet fliegen wir nach einer Woche über New Orleans nach Washington D.C., wo wir wieder die Verwandten von Haralds Großnichte Anja, meiner ehemaligen Freundin, besuchen. Zurück nach Deutschland nehmen wir die bereits bewährte Route über Neufundland, die Azoren und Spanien. Der zweite Vorbereitungsflug für die geplante Reise ans andere Ende der Welt ist damit absolviert, doch die Vorbereitung endet damit noch lange nicht.

Doch erstmal muß ich mich wohl oder übel mal wieder meinem Studium widmen. Erst im Januar 1996 begeben wir uns zur Bundesmarine nach Nordholz, um an einem von der Privatpiloten-Organisation AOPA organisierten Überlebenstraining für Überwasserflüge teilzunehmen. Dort steht zuerst Theorie auf dem Plan, man sieht Filme, was es für den Körper bedeutet, im kalten Wasser zu sein. Später geht es in ein Schwimmbad, jeweils vier Leute sitzen in einer Art großer Waschtrommel, alle tragen Overall und Helm, um sie herum Wasser. Ziel ist es, unter Wasser die Tür zu öffnen und aus der simulierten Flugzeugkabine nach einer Wasserlandung zu entkommen. Bei weiteren praktischen Übungen werden einem dann darin die Augen verbunden oder die Trommel wird um 180 Grad gedreht. Man lernt auch, den Overall im Wasser auszuziehen und ihn so zu verknoten, dass er als Schwimmweste dienen kann. Als letzte Übung wird in diesem Becken eine Rettungsinsel aufgeblasen, wo die Teilnehmer reinklettern müssen. Wenn man sich auf der einen Seite reinzieht, kann es sein, dass sich die Insel über einen rüberstülpt, also muß sie jemand auf der anderen Seite festhalten. Schon bei ruhigem Wasser ist es ziemlich schwer, da reinzukommen, und im Meer ist die Wasseroberfläche ja selten glatt.

Letzte Bewährungsprobe ist im Frühjahr 1996. Wir fliegen zu einem befreundeten Aero-Club nach Kempten im Allgäu. Da wir aus dem Flachland kommen und zumindest in Neuseeland auf Berge ähnlich den Alpen stoßen werden, ist eine Alpeneinweisung vonnöten. Das Fliegen in den Bergen unterscheidet sich drastisch von dem über flachem Land. Und Sicherheit ist unser oberstes Gebot. Also wollen wir erfahren, wie man es richtig macht. Wir lernen mit den besonderen Wetterverhältnissen im Hochgebirge umzugehen und werden geschult zu erkennen, wie nahe am Berg wir eigentlich fliegen. Zum Abschluß unternehmen wir einen Flug durch die Bergwelt von Kempten aus und landen dabei kurz in Samedan in der Schweiz, einem zwischen Hochalpengipfeln gelegenen Flugplatz unweit von St. Moritz.

Inzwischen laufen die Vorbereitungen für die Neuseeland-Reise auf Hochtouren. Es ist irgendwann klar, dass ich ihn dabei begleiten werde. Er muß mich gar nicht fragen – ich will mit. Was ich damals nicht weiß: Er hat vorher auch andere gefragt, ob sie ihn begleiten, doch die können oder wollen alle nicht, und angeblich will er sowieso mich mitnehmen. Eine Tages bin ich bei ihm wie so oft, wir trinken eine Flasche Wein und nach einiger Zeit sagt er: „Du kommst mit." Ich freue mich riesig, zumal er auch die Finanzierung übernimmt. Es ist bei jeder Reise mit ihm gleich: Ich kann mir das nicht leisten, aber ihm ist es das wert, dass ich mitfahre. Harald ist finanziell unabhängig und kann seine Träume verwirklichen, ohne groß über die Kosten nachzudenken, gerade weil er sehr sparsam und kein Verschwender ist. Er sagt, die Hotelzimmer muss er ohnehin bezahlen (sofern sie nicht gesponsert sind, wie auf manchen Stationen während der Weltumrundung), ob da einer oder zwei drin wohnen, ist egal. Den Flug macht er sowieso, ob da zwei drin sitzen, ist vom finanziellen Standpunkt her auch egal, aber vom Sicherheitsaspekt her immens wichtig. Theoretisch hätte er die Weltumrundung auch im Alleinflug bewältigen können, aber das möchte er nicht. Er sagt: „Ich will einen mitnehmen, und Du bist mir der liebste."

Harald kümmert sich als „Dr. Fresenius, Eigner und Organisator" um Sponsoren und ist erfolgreich, obwohl er ihnen zunächst nur verspricht, ihre Firmenlogos als Aufkleber am Flugzeug anzubringen. Von der immensen Medienpräsenz der Tour oder auch von dem eigens mitreisenden Filmteam ist zu dieser Zeit noch gar nicht die Rede. Eine Uhrenfirma, eine Hotelkette, ein Computerhersteller, ein Fotofachhandel sowie ein Hersteller von Spezial-Weitwinkelkameras unterstützen die weite Reise mit Naturalien: Handys, Notebook-Computer, Videokameras und eben Übernachtungen. Die Intercontinental-Hotelgruppe will ihr Image gerade umstellen und auch junge, aktive Leute ansprechen – da kommen wir gerade recht.

Über Fliegerfreunde von Harald, die bei Interconti arbeiten, wird die Sache klargemacht.

Harald und ich sind inzwischen bereits am Abspecken, 20 Kilo muß jeder lassen. Das ist besonders hart für mich, der ich vorher etwa 120 Kilo auf die Waage bringe und für meine häufigen Heißhungeranfälle bekannt bin. Auch die Hamburger Lokalzeitungen interessieren sich für unsere Hungerkur: „Da die Mooney nur begrenzt Gewicht tragen kann, werfen eben die Piloten Ballast ab", meldet das Hamburger Abendblatt schon Anfang September und zitiert Harald: „Wir hungern weiter." Kurz vor dem Start ins Abenteuer weiß BILD: „Damit die beiden auch genug Platz im 80 Zentimeter breiten Cockpit haben, mußten sie in den vergangenen Monaten jeder 20 Kilo abspecken."

Ich schreibe unterdessen noch mein erstes juristisches Staatsexamen, und die Zeit vor der geplanten Abreise am 2. November 1996 wird immer enger. Soviel Kleinkram ist noch zu erledigen: Mützen müssen mit dem Logo der Reise und unserem Motto „James Cook Adventure" versehen, Poloshirts mit den Sponsorenlogos bedruckt werden, ebenso die Fliegeroveralls. Auch unsere Mooney wird für die weite Reise herausgeputzt: Das zuverlässige Anbringen der Sponsoren-Aufkleber schafft erst die zweite Firma, außerdem müssen die Fernsehkameras eingebaut und überprüft werden, ganz zu schweigen von der fälligen eingehenden 100-Stunden-Kontrolle des Flugzeugs. Harald findet immer neue Aufgaben für seinen willigen Mitflieger.

Zwei Tage vor Abflug steigt in den Räumen des Hamburger Flieger-Clubs in Fuhlsbüttel eine große Abschiedsfeier mit etwa 100 Leuten aus Haralds Bekanntenkreis, von denen ich die wenigsten kenne. Da die Intercontinental-Hotels unsere Sponsoren sind, richten sie das Fest aus und liefern Essen und Getränke. Meine Mutter ist bei dieser

Farewell-Party dabei, meine Schwester Irene nicht. Mir ist nicht so bewußt, dass sie gern gekommen wäre, ich sie aber gar nicht eingeladen hatte. Das geht mir manchmal so, dass ich was zu meiner Mutter sage und denke, dadurch weiß es meine Schwester auch. Mir tut dieses Missverständnis leid und ich habe es mit Irene geklärt.

2. Kapitel:

Die erste Etappe der Weltumrundung

Geplante Route der James Cook Adventure-Reise von Harald Fresenius und Bernhard Heitz.

Meine Reiseerinnerungen

Abflug nach Budapest
2. November 1996

Am 2. November 1996 ist es endlich soweit: Die große Reise mit der Mooney einmal um den Erdball soll in Hamburg-Fuhlsbüttel starten. Viele unserer Fliegerfreunde sind auf dem regenglänzenden Flughafenvorfeld dabei und schwenken ein großes gelbes Transparent: „Happy Flight Around the World." Auch jede Menge Journalisten und Kamerateams verfolgen an diesem grauen, naßkalten Novembermorgen die Startvorbereitungen. Gar nicht einfach, alle für eine so weite Reise nötigen Dinge in der engen Mooney zu verstauen. In der nicht einmal einen Meter breiten Kabine müssen die voluminösen Flugkoffer mit den Flughandbüchern und genauen Strecken- und Anflugkarten ebenso untergebracht werden wie das persönliche Gepäck und extra Sauerstoffflaschen. „In eine Mooney steigt man nicht ein, eine Mooney zieht man an", hatte Harald mal lachend zu einem Fliegerfreund gesagt.

Wegen dem großen Bahnhof etwas hinter dem Zeitplan, um kurz nach sechs Uhr morgens, lässt er den Motor an und bittet über Funk um die Startfreigabe von der Flugsicherung. Und gleich ein Dämpfer: Das Fax mit dem Flugplan, den jede Flugzeugbesatzung vor dem Start einreichen muß, ist nie bei den Fluglotsen eingetroffen – obwohl ich es extra schon am Vorabend abgeschickt habe. So muss ich nochmal aussteigen und das Papier mit der Route für die erste Etappe von Hamburg nach Budapest im Terminal nochmal abschicken. Die Hamburger Fluglotsen geben sich dabei aber sehr hilfreich und es geht ganz schnell, mit kurzer Verzögerung kann die Reise beginnen. Ein letztes Winken zu den wartenden Freunden, dann rollt die weißblaue Mooney zum Haltepunkt, nach einem Lufthansa-Jet geht es auf die Piste. Gegen halb sieben beginnt mit dem Abheben das Abenteuer Weltumrundung mit einer Einmotorigen.

Als das Flugzeug die dicken Novemberwolken über Hamburg durchstößt und die Morgensonne ins Cockpit strahlt, fällt die ganze Last der monatelangen Vorbereitung von uns ab. Wir sind richtig glücklich, dass es nun endlich losgeht. Das Fliegen selbst ist fast schon Routine, die nötigen Handgriffe im Cockpit laufen beinahe mechanisch ab. Die Meldung bei der Flugsicherung, sobald die vorgesehene Reiseflughöhe erreicht ist. Das Einstellen der Frequenz des als nächstes zu überfliegenden Funkfeuers, die Überprüfung der Position auf dem GPS. Im Reiseflug wird der Motor auf „mager" gestellt, er erhält weniger Treibstoff. Wenn dann alles stimmt, kann man die Aussicht genießen – bis zum nächsten fälligen Funkspruch. Wir schweigen zwischendurch viel, hängen unseren Gedanken nach. Eine halbe Stunde vor der geplanten Ankunft wird's dann etwas hektisch, der Anflug und die Landung sind die schwierigsten Phasen eines Fluges, die von den Piloten volle Konzentration verlangen. Nach viereinhalb Stunden setzt die Mooney zur Landung auf dem Flughafen Ferihegy bei Budapest an.

Als die Einreiseformalitäten erledigt sind, nehmen wir ein Taxi in die Stadt. Einer der Sponsoren unserer Reise, die Hotelgruppe Intercontinental, hat für uns zwei Zimmer reserviert. Nach dem Einchekken begeben wir uns gleich auf eine Stadtrundfahrt à la Fresenius: Man schnappt sich ein Taxi, handelt mit dem Fahrer einen Preis aus und lässt sich zu allen wichtigen Sehenswürdigkeiten kutschieren. Nach einem kurzen Zwischenstopp für einen Drink zur „Happy Hour" im Hotel begeben wir uns auf einen Rundgang zu Fuß. Harald war bereits zu Zeiten des Eisernen Vorhangs in Budapest gewesen und zeigt mir das Hotel, in dem er damals wohnte – in der Hotelhalle hängt ein Flugzeug von der Decke. Auch beim Stadtrundgang läßt die Fliegerei uns nicht los – Harald trägt gut sichtbar seine Fliegerjacke von der Flugschau in Oshkosh/Wisconsin, dem jährlich im August stattfindenden Luftfahrtereignis in der Nähe von Chicago. Prompt werden wir von zwei Amerikanern angesprochen, die in Ungarn auf der Suche nach Ersatzteilen für ihre fliegenden Oldtimer sind. Ein Besuch auf der Burg bietet einen wunderbaren Ausblick über die in gleißender Abendsonne liegende Stadt, ein ungewöhnlich strahlender Novembertag geht zu Ende. Das Essen in einem typischen Touristen-Restaurant mit einer Folkloregruppe beschließt den Tag in Budapest, schließlich steht schon für den nächsten Morgen die zweite Etappe an.

Jordanien
3. - 7. November 1996

Über den Bosporus und Istanbul, die aus dem Cockpit einen imposanten Anblick bieten, fliegt uns die Mooney in rund sieben Stunden nach Antalya in der Südtürkei. Doch zunächst schicken die türkischen Fluglotsen uns in endlose Warteschleifen – sobald auch noch eine türkische Maschine im Anflug ist, haben alle anderen zu warten. In Antalya wird unsere Einmotorige dann aber doch freundlich empfangen, wieder aufgetankt, wir reichen den Flugplan für den Weiterflug über Zypern nach Jordanien ein. Nach dem Start von Antalya zeigen sich die politischen Wirren dieser Gegend: Zunächst wird das Flugzeug aus dem türkischen in den griechischen Luftraum dirigiert, später wieder zurück über türkisches Hoheitsgebiet. Zypern ist als einziger Staat der Welt neben Korea immer noch geteilt, und die Spannungen zwischen Griechenland und der Türkei schwelen seit 1974, als die Türken Nordzypern besetzten und dort einen eigenen Staat gründeten, der allerdings nur vom Mutterland anerkannt wird. Schließlich erreichen wir die syrische Küste und nehmen Kurs auf die jordanische Hauptstadt Amman, wo wir auf dem stadtnahen Marka-Flughafen landen, nur sechs Kilometer nördlich des Stadtzentrums. Der internationale Queen Alia Airport dagegen liegt 35 Kilometer südlich, zu weit ab vom Zentrum. Auf dem Vorfeld wartet bereits ein freundlicher jordanischer Soldat, der abkommandiert ist, die Mooney während ihres Aufenthalts zu bewachen. Ein netter Kerl, man kommt gleich ins Gespräch und er klagt über eine fürchterliche Grippe und einen Virusinfekt. Schnell gibt sich Harald als Arzt zu erkennen und steckt dem Jordanier Medikamente zu, die er sonst nie erhalten hätte. Solche kleinen Gesten sind uns sehr wichtig, als Tourist würde man so etwas nicht erleben. Dann folgt wieder die Taxifahrt zum Hotel, doch nach diesem langen Tag reichen Kraft und Zeit nicht mehr für eine Stadterkundung.

Während meiner Studienzeit in den USA hatte ich einen jordanischen Zimmergenossen, Bassel Darwazeh, der aus Amman kommt. Die Hotelsekretärin des Interconti schafft es tatsächlich, ihn ausfindig zu machen. Bassel stammt aus einer angesehen Familie, er führt heute ein Antiquitätengeschäft, sein Vater ist der größte Tee-Importeur des Landes. Wir machen uns per Taxi auf zu ihm, die unverhoffte Wiedersehensfreude ist groß. Bassel hat inzwischen schon Frau und zwei Kinder. Abends lädt uns das jordanische Paar zu einem opulenten Abendessen ein, wir schwelgen in arabischen Köstlichkeiten, ohne genau zu wissen, was wir da eigentlich verspeisen. Auf jeden Fall ist es lecker! Die nächsten Tage in Jordanien stehen im Zeichen des Sightseeing. Auch hier besteht Harald auf dem Taxi als Transportmittel und verschmäht alle üblichen Bustouren, obwohl zu dieser Jahreszeit kaum Touristen das Land besuchen. Vor allem Petra, die weltberühmte alte Felsenstadt, beeindruckt uns. Fasziniert stehen wir vor dem Felsportal, das im Film „Indiana Jones“ eine prominente Rolle spielt.

Oman
7. - 12. November 1996

Am vierten Tag nach Ankunft in Amman steht die nächste Etappe an. Die grobe Zielrichtung ist Indien, und der direkteste Weg dorthin führt von Jordanien über die weite arabische Wüste nach Muscat im Oman. Wir fühlen uns an Saint-Exupérys „Flug nach Arras" erinnert. Immer wieder durchziehen Bergrücken die saudische Wüste, ab und zu tauchen Siedlungen auf, kleine Städte mitten in der Einöde. Schnurgerade Straßen verbinden die Einsprengsel der Zivilisation miteinander. Wer hier wohl wohnt und wovon die Menschen wohl leben, fragen wir uns.

Die Luft ist auf Reiseflughöhe ohnehin schon trocken, doch hier über der Wüste liegt ihr Feuchtigkeitsgehalt gefährlich niedrig. Ständig müssen wir Wasser trinken, dabei andererseits beachten, dass das Wasserlassen im Flugzeug trotz Pinkelflasche nur begrenzt möglich ist. Außer hier über der Wüste trinken wir nie während des Fluges, allenfalls kurz vor der Landung. Haralds Devise zu diesem Problem ist vor allem: „Nie drüber reden." Doch es gab schon Wüstenpiloten, die Augenschäden erlitten, weil sie sich zuwenig Flüssigkeit zugeführt hatten. Auf dem Flug von Amman nach Muscat lernen wir abzuschätzen, welche Menge Wasser für uns richtig ist. Mit Frauen kann man maximal drei Stunden am Stück fliegen, dann müssen die aufs Klo, da hilft nichts. Gegessen wird während des Fluges auch nicht, man hat gar keinen Hunger, und man kann eben auch nicht „austreten." Nur auf den längsten Etappen haben wir Sandwiches dabei, die wir aber erst in der letzten Stunde des Fluges anrühren. Das ist kein Problem, sondern alles eine Frage der Selbstdisziplin.

In Muscat ist kein Zimmer frei – zumindest nicht im schönsten Hotel des ganzen Orients, vielleicht der Welt: Im „Al Bustan", einer

Herberge wie ein Palast aus 1001 Nacht, belegen arabische Würdenträger alle Zimmer, die zur Beerdigung eines Scheichs angereist sind. In unserem Hotel treffen die wir ein holländisches Ehepaar und beschließen, gemeinsam per Mietwagen mit Chauffeur den Wüstenstaat zu erkunden. An einer Wasserstelle sitzt eine Großfamilie beim Picknick, und sie laden uns Europäer in typischer Gastfreundschaft ein, daran teilzunehmen. Die Aufteilung der Familie entspricht arabischen Gepflogenheiten: Die Männer hocken zusammen auf einer großen Decke, etwas abseits auf einer kleineren Decke sitzen Frauen und Kinder. Der Holländerin allerdings wird die Ehre zuteil, auch auf die Männer-Decke gebeten zu werden. Anderen Völkern fällt es offensichtlich manchmal leichter als uns Deutschen, landesübliche Gepflogenheiten abzulegen, wenn es darauf ankommt.

Der Oman besteht vor allem aus Felsen- und Geröllwüste und bietet außerhalb der schmucken Hauptstadt wenig für Besucher. Als wir durch ein Dorf spazieren, winkt uns ein älterer Mann heran und bittet uns gestenreich in sein Haus. Natürlich denken wir zunächst, dass er etwas verkaufen will. Er zeigt uns seine Familie und bedeutetet uns, in einem kargen Zimmer auf dem Boden Platz zu nehmen. Einer seiner Söhne serviert schwarzen Kaffee und zwei Sorten Datteln. Keiner versteht auch nur ein Wort von dem, was der andere sagt, erst als der älteste Sohn der Familie auftaucht, ist ein Gespräch möglich. Er hat Medizin studiert und spricht Englisch. Schnell stellt sich heraus, dass es dem Vater nach arabischer Tradition nur ein Bedürfnis war, den Fremden Essen und Trinken anzubieten. Jetzt ist es uns richtig peinlich, dass wir anfangs vermuteten, uns solle hier nur ein Teppich oder ähnliches aufgeschwatzt werden, wie es in vielen Touristenfallen besonders der arabischen Welt üblich ist. Hier dagegen finden wir noch unverfälschte Gastfreundschaft, ganz ohne Hintergedanken.

Nach solchen Erfahrungen bringt der nächste Tag im Oman Ernüchterung. In Verhandlungen mit der indischen Botschaft versuchen wir, eine Landegenehmigung für das südindische Trivandrum zu erhalten. Nachdem die niedrigeren Botschaftsbeamten geneigt scheinen, dem Ersuchen stattzugeben, scheitert der Vorstoß schließlich am höchsten Beamten, dem dicksten von allen, der das Ansinnen kategorisch ablehnt. Nun suchen wir Hilfe bei der deutschen Vertretung. Aber die können uns auch nicht weiterhelfen. So bleibt uns nichts anderes übrig, als Indien schnellstmöglich hinter uns zu bringen.

Indien
12.-14. November 1996

Harald hatte mich bereits vor der ungeheuerlichen Bürokratie bei einer Einreise nach Indien gewarnt. Über den Indischen Ozean geht es in etwa achteinhalb Stunden von Muscat in die Metropole an der indischen Ostküste. Gleich nach der Landung in Bombay werden alle Vorurteile aufs Heftigste bestätigt: Nicht weniger als 14 (!) Soldaten, darunter drei Ranghöhere, bewegen sich auf die Maschine zu und beäugen sie streng. Jedem von uns wird einer der Offiziere zugeteilt, und dann fährt man gemeinsam zum Gebäude, um die Landegebühren zu bezahlen. Dank eines Schreibens der AOPA Deutschland, des Verbands der Allgemeinen Luftfahrt, wird uns Weltumfliegern in manchen Ländern die fällige Gebühr erlassen oder zumindest ermäßigt. In Bombay wollen die Behörden tatsächlich 3000 Dollar Landegebühren haben. Wir können sie schließlich auf 1500 Dollar runterhandeln, empfinden das aber immer noch als Diebstahl.

Später erfahren wir, dass mehr als 300 Dollar auch in Indien sonst nicht üblich sind. Wir müssen uns aufteilen, um die gigantische

Bürokratie zu bewältigen. Soviele Papiere und Stempel haben wir auf all unseren Reisen noch nirgendwo gesehen. Die Einreiseprozedur erreicht lächerliche Ausmaße: Man kommt in ein Büro, der Diensthabende liest alle Papiere durch, erklärt dann, er könne nichts machen, da müsse erst ein Stempel des Zuständigen im Nebenzimmer drauf. Das geschieht, man kommt zurück, der Erste liest die Papiere nochmal durch, gibt sie dann auf einen Schreibtisch nebenan, der dortige Beamte haut wieder ein paar Stempel drauf, die Papiere wandern zurück, schließlich stempelt sie auch der Erstere – und all das kostet auch noch einen Haufen Geld.

Bei der Taxifahrt ins Zentrum sticht uns die unglaubliche Armut dieser Stadt ins Auge, manche Bedienstete des Flughafens haben gar kein Zuhause, sie arbeiten dafür, dass sie nachts auf den Gepäckbändern schlafen dürfen und etwas zu essen bekommen.

Wir sind froh, als wir am nächsten Tag Bombay verlassen können. Durch die Anspannung entlädt sich der einzige laute Streit zwischen Harald und mir auf der ganzen Reise. Ich habe zuvor eine Meldung nachlässig über Funk abgesetzt, weil sie mir unsinnig erschien. Harald aber ist der Kapitän und hat die Entscheidungsgewalt. Er erwartet, dass seine Anweisungen umgesetzt werden. Wegen der allgemeinen Gereiztheit durch die schwierigen Zustände in Indien gibt es einen erhitzten Wortwechsel zwischen uns. Doch für mehr Zoff ist keine Zeit, nach dem Start kommen einige andere Flugzeuge der Mooney bedrohlich nahe, so etwas würde man in Europa schon Beinahe-Zusammenstoß nennen.

In Indien ist das zu dieser Zeit noch Alltag. Innerhalb von nur zehn Monaten gibt es 20 offiziell bekannt gewordene Fast-Kollisionen im Luftverkehr. Das ganze Land steht heute unter Schock, denn erst gestern hat sich unweit von Neu-Delhi ein schweres Flugzeugunglück ereignet. Wegen des unzulänglichen Radars ist eine kasachische Transportmaschine vom Typ Iljuschin-76 mit einem saudiarabischen Jumbo Jet zusammengestoßen. Traurige Bilanz des viertschwersten Unglücks der Luftfahrtgeschichte: 349 Tote. Wie wir auf unserem eigenen Flug merken, birgt der Himmel über Indien ein großes Risikopotenzial. Die indische Flugsicherung verfügt über kein Sekundärradar. Dadurch können die Fluglotsen nicht erkennen, in welcher Höhe sich die Flugzeuge auf dem Radarschirm befinden, sondern lediglich ihren Kurs verfolgen. Als wir nach sechs Flugstunden quer über den indischen Subkontinent in Madras landen, wird uns bewusst, dass wir nur 100 Meilen vom Ort des Unglücks entfernt vorbei geflogen sind.

Nach der Landung in Madras wird die Mooney betankt und die Behörden verlangen wieder 3000 Dollar Gebühren! Harald zahlt das Geld, weil er am Ende ist und keinerlei Lust mehr auf langwierige, zähe Verhandlungen mit indischen Bürokraten verspürt. Abends im Hotel sprechen wir uns aus und klären die Unstimmigkeiten, die morgens aufgetaucht sind. Diese offene Art der Konfliktbewältigung hat sich zwischen uns bereits bewährt.

Auch am nächsten Tag führt der erste Weg uns wieder zu den Behörden, doch Madras ist nicht Bombay, und alles geht schon eine Spur einfacher vonstatten. Wieder müssen den Behörden verschiedene Papiere vorgelegt werden und Dutzende von Stempeln sind vonnöten. Hier beobachten wir das indische Kastendenken: Als der diensthabende Beamte ein in Reichweite auf einem anderen Schreibtisch liegendes Papier benötigt, ruft er einen Angehörigen einer niederen Kaste herein, der voher auf dem Boden vor dem Amtszimmer geschlafen hatte, nur um sich von ihm dieses Papier geben zu lassen. Endlich ist das Abenteuer Indien beendet und wir sehen zu, dass wir das Land verlassen, das uns die Reise ungeahnt schwer gemacht hat.

Phuket
14. – 17. November 1996

Auf dem Weg zur thailändischen Insel Phuket sprechen wir über Funk mit zwei Lufthansa-Jumbos, die in gegensätzlicher Richtung irgendwo über uns unterwegs sind. „Das ist ja so gefährlich, mit nur einem Motor über einen großen Ozean“, sagt der eine Flugkapitän, „ich hoffe, dass ich zu Hause nicht in der Zeitung lesen muss, dass ihr ins Meer gefallen seid.“ Ein richtiger Busfahrer, denke ich, der nur seine Zeit im Cockpit absitzt und keinen Mumm hat, was das Fliegen betrifft. Ganz anders die Copilotin des Gegenfluges: „Das würde ich ja auch so gern machen – am liebsten würde ich gleich zu Euch ins Flugzeug hopsen“ – für uns ein versöhnlicher Abschluß des Funkverkehrs mit heimischen Profi-Fliegern.

Phuket ist ein Traum – vor allem das Hotel Pearl Village mit eigener Parkanlage und Pool direkt am Meer. Hauptklientel sind hier Deutsche, Franzosen und Schweizer, doch trotz der freundlichen Thailänder und der schönen Umgebung ziehen sie alle Gesichter, als müssten sie mit ihrem Aufenthalt eine Strafe verbüßen. Nur gut, dass wir im Hotel eine LTU-Besatzung treffen, die auch klagt, wie schrecklich die Gäste seien. Abends trifft man sich dann in lustiger Fliegerrunde im Restaurant einer befreundeten Thailänderin nebenan und entflieht damit den langen Gesichtern im Hotel.

Am nächsten Tag sind wir wieder am Flughafen, um die Mooney klarzumachen. Eigentlich würden wir gern ein wenig in der Region umherfliegen, doch daran ist bei der Gebührenpolitik auch der thailändischen Behörden kaum zu denken: 600 Dollar verlangen sie pro Landung. Das steht in keinem Verhältnis zu den großen Boeings der LTU oder Lauda, die auch in Phuket landen, aber kaum mehr zahlen müssen. Schließlich gibt es aber den nötigen Sprit in Phuket günstiger. Damit argumentieren wir erfolgreich bei der nächsten Zwischenlandung in Bangkok und können dann auch hier günstig tanken. Sonst wären dem Unternehmen Weltumrundung die Kosten des Trips um den Globus beinahe schon in diesem frühen Stadium über den Kopf gewachsen.

Macao und Hongkong
17. – 21. November 1996

In Macao, bis Ende 1999 noch portugiesische Kolonie, hat die Mooney eine Landegenehmigung, dort aber gibt es keinen Sprit. Eigentliches Ziel ist Hongkong, dort gibt es zwar Flugbenzin, aber keine Landeerlaubnis. Nach Hongkong Kai Tak, den im Juli 1998 geschlossenen Stadtflughafen zu fliegen, ist ein Traum von mir. Der Anflug tief über die Hochhäuser von Kowloon, das scharfe „Rechtsabbiegen" am Checkerboard Hill, einem rotweiß bemalten Signalhügel, auf den Leitstrahl der ins Meer ragenden Piste gilt als der spektakulärste Approach der Welt. Diesen „Thrill" will ich selbst im Cockpit erleben, doch Kai Tak ist notorisch überlastet und viel zu klein, deswegen übernimmt inzwischen der neue Flughafen Chek Lap Kok außerhalb der Stadt seine Funktion.

Ich schlage vor, einfach nach Hongkong zu fliegen und dann den Fluglotsen zu erklären, dass wir ein Problem haben. Harald, immer auf der vorsichtigen Seite, lehnt den Vorschlag ab und beschließt, zunächst nach Macao zu fliegen und dort zu parken. Dann will er mit dem Tragflügelboot über das Perlflussdelta nach Hongkong fahren, um hier in Verhandlungen eine Landeerlaubnis für Kai Tak zu erhalten.

Der Nachtflug von Phuket führt durch ein schweres Gewitter. Das Flugzeug wird zum Spielball der Fallwinde und Gewitterböen, wir können nicht viel mehr machen als zu versuchen, das Flugzeug waagerecht zu halten. Der Autopilot ist in so einer Situation überfordert, hier muss der Mensch per Hand steuern. Ich habe immer etwas Angst bei solchem Wetter, auch wenn Blitzeinschläge dank des „Faradayschen Käfigs", als der ein Flugzeug wirkt, nur selten gefährlich sind. Großgewachsen wie ich bin – 1,86 Meter, schlage ich bei Turbulenzen immer wieder mit meinen Kopf am Kabinendach an, denn auf der Copilotenseite ist das Dach der Mooney auch noch niedriger heruntergezogen. Wenn wir ein Gewitter durchflogen haben, fühlen wir uns hinterher ein wenig unwirklich, irgendwie wie in einem Traum. Am späten Abend landet „Charlie Tango" schließlich auf dem ins Meer gebauten, erst vor wenigen Jahren eröffneten Flughafen der Kolonie und Glücksspielmetropole Macao. Gerade noch rechtzeitig, um das letzte Tragflügelboot nach Hongkong zu erwischen.

Ich schleppe eine gewaltige Menge an Gepäck auf das Schnellboot: Zwei Fliegerkoffer, ein Stativ, eine Videokamera, eine Fotokamera und eine persönliche Tasche. Dazu die schmerzlichen Folgen eines heftigen Sonnenbrandes aus Phuket – das anerkennende Schulterklopfen von Harald am Bootsanleger kommt da fast einer Folter gleich. In Hongkong steht uns ein Appartment eines Fliegerfreundes von Harald auf Hongkong Island zur Verfügung – doch an einem späten Samstagabend an die Schlüssel zu kommen, die in einem Büro deponiert sind, erweist sich als „Schnitzeljagd", wie Harald es nennt. Schließlich beziehen wir aber erfolgreich das kleine Appartment.

Die ersten Tage in Hongkong verlaufen voller Muße – Sightseeing, Überfahrt mit der Star Ferry inmitten der glitzernden Wolkenkratzerkulisse nach Kowloon und der inzwischen obligatorische Besuch im „Hard Rock Café", wo wir wie in jeder Stadt einen „Round the World"-Drink ordern. Doch das Vergnügen endet mit dem

Moment, wo wir darangehen, an unserer Einfluggenehmigung nach Hongkong zu arbeiten. Die Mooney steht kaum 80 Kilometer vom Flughafen Kai Tak entfernt, doch zwischen Macao und Hongkong scheinen in diesem Fall Welten zu liegen. Während sich Harald ausklinkt, kämpfe ich mit etwa 150 Telefonaten und 80 Faxen wie ein Löwe mit den Behörden.

Sogar die lokale Tageszeitung „South China Morning Post" nimmt sich am 20. November 1996 unter der doppeldeutigen Schlagzeile „Jumbo headache as airport says no" des Falls an, frei übersetzt etwa „Riesiges Kopfzerbrechen über Weigerung des Flughafens." Weiter heißt es:

„Zwei Piloten, die mit ihrem einmotorigen Flugzeug den Globus umrunden, sollten heute morgen endlich in Hongkong landen, nachdem sie immer wieder gesagt bekamen: 'Sorry, nur für Jumbos'. (...)
Dr. Fresenius, 56, sagte: 'Die Zivilluftfahrtbehörde sagte uns: Vergessen Sie's. Es gebe keine Chance, dass wir in Kai Tak landen könnten. Sie sagten ja für 747's, aber nein für Kleinflugzeuge.' (...)
Co-Pilot Mr. Heitz, 34, sagte: (...) 'Wir haben mit Milliarden von Leuten in den letzten Tagen gesprochen, um das zu organisieren. Ich hätte nie gedacht, dass es so kompliziert sein würde.' (...)"

Als ersten Teilerfolg erreiche ich, dass dank des AOPA-Schreibens die Landegebühren in Macao erlassen werden, denn das gehört als portugiesische Kolonie zur EU. Doch Hongkong erweist sich als harte Nuss. Der Vizedirektor des notorisch vollen Flughafens sagt klar, es gebe keine Chance, weil die Mooney den Platz eines Jumbos belegen würde, und der nun mal viel mehr Geld brächte. Doch schließlich bekomme ich den chinesischen Flugplankoordinator Ringo ans Telefon, der gleich zustimmt und sagt: „Ihr könnt für heute Abend oder morgen früh eine Genehmigung haben, denn hier entscheide immer noch ich, wer reinfliegt."

Am nächsten Morgen soll es soweit sein, doch dann gibt es wieder Schwierigkeiten in Macao. Der Macao Air Service läßt die Mooney nicht pünktlich starten, so dass die mühsam errungene Landezeit, der Slot für Hongkong Kai Tak, wieder verfällt. Außerdem verlangt man plötzlich noch 1200 Dollar „Parkgebühr." Als ich dem zuständigen Mitarbeiter mit einem Prozess drohe, läuft zufällig der Chef der Abfertigungsfirma, ein Amerikaner, vorbei. Darauf bittet er uns in sein Büro, reduziert die Forderung zunächst auf 800 Dollar, weil sich der Mitarbeiter angeblich verrechnet habe. Schließlich lässt er sie ganz fallen – offenbar hat er wirklich Sorge vor einem Verfahren, das ich ihm wegen des Slotverlusts und der erheblichen Verzögerung androhe.

Als schließlich auch ein neuer Slot für Kai Tak vorliegt, kann die kürzeste, aber bisher nervenaufreibendste Etappe der Weltumrundung beginnen, der Flug von Macao nach Hongkong. Es dauert nicht lange, und die Mooney ist bei schönstem Wetter mitten im klassischen Anflug auf Kai Tak, von der Landseite her. Kommerzielle Jet-Piloten brauchen für diese Landung eine eigene Einweisung im Simulator, wir haben uns theoretisch ausgiebig auf diesen Höhepunkt unserer Reise vorbereitet. Mitten über Kowloon starren wir beide aus den Cockpitfenstern, doch der rotweiße Checkerboard Hill als Wegmarke ist nicht zu entdecken, während sich die Landebahn rechts klar im Wasser abzeichnet. Dann taucht der Hügel doch auf – viel kleiner, als wir uns vorgestellt hatten. „Und das soll man mit einem Jumbo und bei schlechter Sicht finden", murmelt Harald, als die Mooney aufsetzt. Gleich neben der Piste tummelt sich eine beachtliche Anzahl kleinerer und größerer Schiffe, am Horizont zeichnet sich die Skyline von Hongkong Island ab.

Durch die Verzögerungen verpassen wir die Chance auf einen Auftritt bei CNN. Das Studio Hongkong wollte einen Bericht über das Behörden-Hickhack um unsere Landung produzieren, doch die immer eiligen Fernsehleute haben natürlich keine Zeit, so lange zu warten, bis die langsamen Mühlen der Behörden die Landung in Kai Tak ermöglichen. Ein erneuter Versuch am nächsten Tag scheitert, weil nachts in der Stadt ein Großfeuer lodert, was das Fernsehteam in Atem hält. Auch nach der Landung in Kai Tak vergehen Stunden, bis das Flugzeug mit Sprit und Sauerstoff versorgt wird.

Harald will gleich weiterfliegen nach Singapur, wo das dreiköpfige Filmteam bereits wartet, doch ich weigere mich, und wir beziehen wieder unser Appartment. Harald hat mit dem Berliner Filmemacher Heinz Hampe eigens eine Firma gegründet, deren Aufgabe es ist, Teile unserer Reise zu begleiten und zu filmen. Harald finanziert die Aufnahmen und hofft auf eine Verwendung im Fernsehen, vor allem möchte er das Material aber zur Erinnerung haben.

Hongkong, damals noch britische Kronkonie, erfüllt meine Großstadtträume. Die harten Kontraste der Riesenstadt haben es mir angetan: Auf der einen Seite die prunkvollen Glas- und Betonpaläste der Banken, in deren Schluchten man die sterile Macht des Geldes spürt, dazu glitzernde Kaufhäuser und Boutiquen mit allen erdenklichen westlichen Luxusgütern. Nur wenige Schritte entfernt dann das pralle Alltagsleben der Chinesen: Üppige Märkte mit exotischen Gewürzen und Lebensmitteln, verführerisch riechende Gerichte in Garküchen, bunt glitzernde Nachtmärkte. In einer Metzgerei sieht man durch die Tür, wie eine Sau geschlachtet wird, draußen warten schon die Kunden ungeduldig auf ihr Fleisch. Daneben rumpeln die uralten Straßenbahnen durch die Straßen.

Singapur
21. – 26. November 1996

Die schönen Tage in Hongkong vergehen schnell, die Reise soll weitergehen nach Singapur. In Kai Tak reiht sich „Charlie Tango" zwischen die Jumbos ein und verlässt den Flughafen in Richtung Süden über das Meer. Kurz nach dem Abheben hustet der Motor einmal kurz – wahrscheinlich etwas Kondenswasser im Tank, das wir vor dem Abflug nicht entdeckt hatten.

Auf dem Weg nach Singapur müssen wir schwer rechnen, ob der Sprit reicht. Ausweichlandeplatz ist Ho-Chi-Minh-City in Vietnam, das ehemalige Saigon. Doch man bedeutet uns gleich, wir sollten wegen unserer vielen Kameras an Bord unbedingt versuchen, nonstop nach Singapur zu kommen. Auf dieser gut 3000 Kilometer langen Strecke gerät die Mooney nicht nur von ihrer Reichweite her ans Limit, sondern sie muß wieder mit wirklich schwerem Wetter fertig werden. Der Flug durch die Gewitterfronten mit heftigen Auf- und Abwinden bringt auch uns Piloten an unsere Grenzen, das kleine Flugzeug ist den Elementen willkürlich ausgeliefert.

Das Wetter ist so heftig, dass das Satelliten-Navigationssystem (GPS) eine Geschwindigkeit von fast 680 km/h über Grund anzeigt – ohne Rückenwind schafft die Maschine normalerweise eine Eigengeschwindigkeit von etwa 300 km/h. Wie von einer unsichtbaren Hand wird „Charlie Tango" beschleunigt, ein irrsinniges Gefühl – aber die Mooney hält alles aus und schafft es bis nach Singapur, wo sie spät abends nach einem Nonstop-Flug von neun Stunden und 42 Minuten landet.

Das Filmteam aus Berlin macht gleich erste Interviews, obwohl ihnen zunächst die Drehgenehmigung auf dem auch militärisch genutzten

Seletar-Flughafen verweigert wird. Ich nutze meine Behörden-Erfahrungen aus Hongkong und erreiche doch noch eine Dreherlaubnis.

Gemeinsam gehen wir Piloten und die Filmcrew auf Sightseeing-Tour durch den Stadtstaat, der vor allem als Einkaufsparadies Besucher anlockt. Ein Jackett aus feinster Baumwolle über Nacht? Die neueste Digitalkamera als günstiges Angebot? Auf der Orchard Road und in den angrenzenden, verwinkelten Einkaufspassagen kein Problem. Neuester Schrei des sonst eher sterilen und in allen Innenräumen tiefgekühlten Stadtstaats ist die Fressmeile Clarke Key, wo man abends draußen am Singapore River vor der Wolkenkratzer-Kulisse sitzt und üppig speisen kann. Überhaupt ist das vielfältige und günstige kulinarische Angebot einer der Hauptattraktionen Singapurs. Sonst bin ich zwar allem Nahrhaften sehr zugetan, aber ich genieße diesen Abend besonders wegen der außergewöhnlich hübschen Mädchen, einer aparten Mischung europäischer und asiatischer Einflüsse, die auf der Flaniermeile Macarena tanzen. Mit Hongkong und seiner Faszination kann es Singapur nach unserem Eindruck trotzdem nicht aufnehmen.

In Singapur ist die technische Kontrolle des Flugzeugs fällig, die alle 100 Flugstunden stattfindet. Dabei werden alle Verschleißteile überprüft und nötigenfalls ausgetauscht, auch Filter und Schläuche, die Techniker ersetzen außerdem alle Flüssigkeiten wie etwa das Oel. Es ist wie eine große Inspektion beim Auto, nur viel teurer. Wir verbringen den ganzen Tag am Flugplatz. „Sowas kann man keiner Frau zumuten", sagt Harald, „die Damen brauchen doch immer ein Programm, die würden sich hier furchtbar langweilen." Nachdem die Mooney auf Herz und Nieren geprüft ist, geht die Reise weiter nach Denpasar auf Bali.

Bali
26. – 28. November 1996

Nach sechseinhalb Flugstunden landen wir auf der beliebtesten Ferieninsel Asiens. Auch hier haben wir wieder das Glück, in einem wunderschön gelegenen Hotel unterzukommen, die Insel ist bekannt für ihre luxuriösen und edlen Herbergen. Auf Bali, für die Einheimischen die „Insel der Geliebten der Götter", trifft sich die halbe Welt, das merken wir schnell. Schon morgens beim Frühstück lerne ich ein amerikanisches Paar kennen. Schnell stellt sich heraus, dass die Frau und ich 1983 an derselben kleinen Universität in Kalifornien, in Pepperdine, studiert haben und sogar gemeinsam auf Parties waren, ohne uns zu kennen. Kaum fliegt man 14 Jahre nach dem USA-Studium um die halbe Welt, schon trifft man die Leute von damals auf Bali.

Als man sich zum Abendessen wiedersieht, stoßen auch noch unverhofft der Repräsentant eines weiteren Sponsors, eines Uhrenherstellers, mit Kollegen dazu, die auf Bali Urlaub machen. Harald und ich touren über die Insel, die an vielen Stellen geprägt ist von Reisterrassen. Die ungewöhnlich schöne Landschaft, die buntgekleideten Frauen, die Fruchtteller als Opfergabe für die Götter auf dem Kopf balancieren, die Gamelan-Musik, die in der Luft liegt – Bali ist eine Insel der Sinne. Wer allerdings ausgetretene Pfade verlässt und sich wie wir eigenmächtig auf die Suche nach einer Tempelstätte macht, gerät leicht in Lebensgefahr. Im Autoverkehr auf Bali, vor allem im Dunkeln, herrscht ausschließlich das Recht des Stärkeren, heiles Ankommen ist fast schon Glücksache.

Australien
28. – 16. Dezember 1996

Etwa 200 nautische Meilen vor der australischen Küste fängt der Motor der Mooney an zu stottern und fürchterlich zu husten. Wir schauen uns fragend an, vergewissern uns gegenseitig, ob der Motor wirklich unrund läuft, doch die Tatsache lässt sich nicht leugnen. Fieberhaft überlegen wir beide, was die Ursache sein könnte. Das sogenannte „fetter stellen" des Motors, die stärkere Treibstoffzufuhr, hilft nichts. Die Rechnung ist schnell gemacht: Die rettende Küste ist noch etwa 360 Kilometer entfernt, bei der derzeitigen Geschwindigkeit noch etwa anderthalb Flugstunden. Viel zu weit, um zu schwimmen. „Selbst 20 nautische Meilen [ca. 36 Kilometer] oder zehn Minuten Flugzeit sind zum Schwimmen zu weit", bemerkt Harald, von den haiverseuchten Gewässern in den australischen Tropen erwähnt er lieber nichts. Doch der Motor hält durch und wir erreichen Darwin an der Nordküste Australiens. Dort stellen die Mechaniker fest, dass der Motor bei der 100-Stunden-Kontrolle unsauber eingestellt worden war. Der Besitzer der Flugzeugwerft in Darwin, die die Mooney wieder fit macht, ist mit einer Deutschen verheiratet und deren Vater führt uns freudig herum.

Natürlich bringt er uns auch zur Lokalzeitung „Northern Territory News", die am 2. Dezember 1996 einen reißerisch aufgemachten Artikel veröffentlicht: „Pilots tell of plane terror near Darwin" – Piloten erzählen über ihre schrecklichen Erlebnisse im Flugzeug in der Nähe von Darwin:

„Zwei deutsche Abenteurer haben über ihren Horror bei mechanischen Schwierigkeiten in ihrem einmotorigen Flugzeug auf dem Weg nach Darwin berichtet. (...) Dr. Fresenius, ein Allgemeinmediziner aus Hamburg, sagte: 'Wenn man nur einen Motor hat und der stoppt, dann ist es das. Etwa 200

nautische Meilen nördlich von Darwin begann unser Motor unregelmäßig zu laufen. Wir waren müde, aber als das passierte waren wir schnell hellwach, das waren die längsten 200 nautischen Meilen, die ich je geflogen bin.'
Mr. Heitz, ein graduierter Anwalt ebenfalls aus Hamburg, sagte: 'Die meisten Leute glauben, dass wir verrückt sind – und ich muß zugeben, dass ich das auch dachte, als unser Motor begann, komische Geräusche von sich zu geben.' (...)

Darwin ist eine moderne, typisch australische Stadt. Erst 1974 hatte ein Wirbelsturm verheerende Zerstörungen angerichtet, alle heutigen Bauten sind danach entstanden. Zum ersten Mal wird uns klar, dass wir bereits fast um die halbe Welt geflogen sind. Als Amerika-Liebhabern gefällt uns die erste Begegnung mit Australien, weil alles so vertraut amerikanisch erscheint, nur sprechen die Menschen ein anders gefärbtes Englisch.

Die weitere Route führt uns nach Alice Springs, wo wir den Ayers Rock, den größten freistehenden Monolithen der Welt, besichtigen. Anschließend geht es in die Tropenmetropole Cairns in Queensland an der australischen Ostküste, schließlich zu den romantischen Whitsunday Islands. Dort statten wir einem hier lebenden ehemaligen Piloten der Hamburg Airlines einen Besuch ab, die Regionalfluggesellschaft aus der Hansestadt wird daheim etwa zur selben Zeit aufgelöst. Schließlich geht die Reise nach Sydney, wo wir uns mit Nancy Bird Walton treffen.

Die alte Dame in den Siebzigern ist Mitbegründerin der berühmten Royal Flying Doctors und in Australien eine lebende Legende. Harald kennt Nancy von der Hochzeit eines Studienkollegen, der die Tochter der legendären deutschen Flugpionierin Elly Beinhorn heiratete. Elly Beinhorn und Nancy Bird Walton kannten sich schon aus frühen Fliegertagen, Nancy fungiert bei der Hochzeit als Haralds

Tischdame. Trotz ihres Alters sprüht Nancy bei unserem Besuch in Sydney vor Flugbegeisterung. Gemeinsam mit einer Freundin holt die Fliegerin uns aus dem Hotel nahe dem Opernhaus ab und zeigt uns die schönsten Spots der australischen Metropole.

Wir sehen The Rocks, die verwinkelte Altstadt im Schatten des mächtigen „Kleiderbügels", der über 100 Jahre alten Harbour Bridge, Darling Harbour, ein Flanier- und Einkaufsviertel im Hafengebiet, und vor allem den Fischmarkt, nicht weit von hier. An den Ständen deckt sich Nancy mit frischen Meerestieren ein und wir fahren zu ihr nach Hause, um ein üppiges Essen zu genießen. Eine erstaunliche Frau, diese Nancy Bird Walton, einerseits eine lebende Legende, andererseits so normal.

Beim Telefonat mit der zuständigen Luftaufsicht zeigt sich, dass ihr Name auch bei wesentlich jüngeren Australiern Respekt schafft. „Hier ist Nancy Bird", ruft sie in den Hörer. „Ich habe hier zwei deutsche Freunde, die um die Welt fliegen. Ich möchte für sie um eine Sondergenehmigung bitten, im Tiefflug den Hafen überfliegen zu dürfen. Eine Sicherheitspilotin besorge ich." Man kann regelrecht fühlen, wie der Gesprächspartner von der Luftaufsicht am anderen Ende der Leitung in Hab-Acht-Stellung geht. Natürlich bekommt Nancy die Genehmigung, der Flug über Sydneys größten Attraktion wird zum Höhepunkt des Australien-Trips. Uns assistiert dabei die auf meinem Copiloten-Platz sitzende Sicherheitspilotin, die darauf achtet, dass wir nicht in die Anflugzonen des internationalen Kingsford Smith-Flughafens geraten. Sie lotst uns um die neuralgischen Zonen des Flughafens herum zurück zum Ausgangspunkt Bankstown, dabei betätigt sie sich sogar noch als Fremdenführerin und zeigt uns aus der Luft einige Sehenswürdigkeiten.

3. Kapitel:

Neuseeland und die zweite Etappe der Weltumrundung

Erlebnisse auf der anderen Seite der Erde

Neuseeland
16. Dezember 1996 – 3. Mai 1997

Anderthalb Wochen vor Weihnachten überquert „Charlie Tango" die Tasmansee in Richtung der neuseeländischen Nordinsel. Nach der Ankunft auf dem internationalen Flughafen von Auckland erledigen wir die Einreiseformalitäten und fliegen noch fünf Minuten weiter bis zum Flugplatz Ardmore, wo die Schwester eines jener Piloten, die Harald als Fliegerarzt zu Hause immer untersucht, eine Flugschule betreibt. Hier soll die Mooney die Zeit bis zum Beginn der zweiten Etappe der Weltumrundung abgestellt werden. Harald und ich kommen bei Ross Price unter, einem Freund des in Deutschland arbeitenden Neuseeländers.

Bald jedoch gehen wir auf Entdeckungsreise. Das Land der Kiwis verzaubert jeden Nordeuropäer, wir genießen die Attraktionen in vollen Zügen. Wir fliegen auf die Südinsel, wandern den Milford Track zum spektakulären Milford Sound und besuchen den privaten Flugplatz Forest Field in Canterbury. Das ist der Traum jedes Fliegers – ein Grundstück, groß genug für drei Grasbahnen, für optimale Starts und Landungen bei allen Windrichtungen. Pam und Cecil Collings haben sich diesen Traum erfüllt. Pam war früher neuseeländische Kunstflugmeisterin und kennt wiederum Nancy Bird Walton, die den Kontakt vermittelt hat. Pam und Cecil zeigen uns die grüne Gegend um Christchurch, auch das gut gemachte Antarktis-Zentrum der Stadt besuchen wir. Eine große Ausstellung inklusive Eiskammer (konstant bei minus fünf Grad Celsius) soll den Besuchern einen eigenen Eindruck des Südpolargebiets verschaffen. Harald und ich wollen hier zumindest ein Gefühl für den einzigen Kontinent bekommen, den wir wohl nie selbst erfliegen werden.

Als wir in Wellington, der Hauptstadt Neuseelands, Station machen, widmet uns die Tageszeitung „The Dominion“ dort am 4. Januar 1997 einen Artikel unter dem Titel „Hopping from Hamburg“:

(...) „In Wellington erzählte Mr. Heitz, 34, gestern von der langen Vorliebe von Dr. Fresenius für Neuseeland. (...) 'Wir hören nie etwas Positives in den Nachrichten, und ein Arzt muß sich in seiner Arbeit oft um hoffnungslose Fälle kümmern, also dachten wir: Warum machen wir nicht etwas Positives?', sagte Mr. Heitz. 'Natürlich kann nicht jeder um die Welt fliegen, aber wir können es vormachen. Das Leben ist wunderbar. Warum soll man leiden?' (...) In Indien waren sie geschockt von den vielen Bestechungsgeldern, die sie zahlen mußten. Aber als sie am 16. Dezember in Ardmore ankamen, erhielten sie einen besseren Empfang: 'Ihr seid aus Deutschland gekommen? Das ist großartig. Kümmert Euch nicht um die Landegebühren'. (...)

Schließlich muß Harald für drei Monate nach Deutschland zurück, um sich um seine Praxis zu kümmern. Ich habe bereits in Australien erfahren, dass ich in Hamburg beim ersten juristischen Staatsexamen durchgefallen bin, und suche nach einer neuen beruflichen Orientierung. Während Harald nach Deutschland reist, muß ich in Auckland auf unser Flugzeug aufpassen. Schließlich ist die Mooney in dieser Ausführung gut und gern 600.000 Mark wert, und ich fahre jeden Tag nach Ardmore, um zu schauen, ob sie noch dasteht. Neujahr 1996/97 sind wir in Wellington, und in einer Kneipe erklärt mir Harald: „Ich weiß, Du brauchst einen neuen Job, die Juristerei ist nichts für Dich. Während du hier bist, machst Du die Berufspiloten-Lizenz.“ Ich schaue ihn mit großen Augen an. Er fährt fort: „Ich weiß, dass Du das Geld dazu nicht hast, aber ich bezahle das jetzt und wenn Du dann arbeitest, zahlst Du es mir zurück.“

Ich mache also in dieser Zeit meine CPL-Lizenz als kommerzieller Linienpilot für Flugzeuge bis 5,7 Tonnen Gewicht. Damit kann ich Passagierflugzeuge mit 19 Sitzen wie die Dornier 228 oder die Beechcraft 1900 fliegen. Für die IFR-Lizenz zum Instrumentenflug reicht die Zeit nicht ganz, obwohl ich schon fast Prüfungsreife erreiche. Harald will auch deswegen, dass ich diese Lizenz hier erwerbe, weil uns beiden der vor uns liegende endlose Pazifische Ozean viel Respekt einflößt. „Mehr Erfahrung gleich mehr Sicherheit" lautet seine Devise.

In Auckland, der Stadt mit den meisten Segelbooten pro Einwohner auf der Welt, wohne ich mit einem ausgewanderten Deutschen und einer Neuseeländerin in einem Haus und genieße das Dasein am anderen Ende der Welt, wo zum Jahresende Hochsommer herrscht. Die kommerzielle Fluglizenz wird einem aber auch hier nicht geschenkt, viele Stunden im Klassenzimmer und noch mehr Stunden hinter dem Steuerknüppel in der Luft sind zu absolvieren. Insgesamt 100 Stunden fliege ich über der Nordinsel rauf und runter, vom Cap Reinga im Norden bis zur Hauptstadt Wellington im Süden, bevor ich die begehrte Lizenz in der Tasche habe. Während dieser Zeit erhalte ich auch von meiner Flugschule hier in Ardmore ein Jobangebot: Sie wollen mich zum Fluglehrer ausbilden, und währenddessen soll ich schon als CPL-Pilot arbeiten. Ohne Instrumenten-Lizenz wäre das natürlich nur am Tage und bei schönem Wetter möglich gewesen, aber hier ist der Himmel meistens blau. Ich soll vor allem deutsche Touristen herumfliegen, von denen immer mehr Neuseeland entdecken, aber auch Postflüge machen. Sobald ich meine Fluglehrer-Ausbildung fertig habe, soll ich dann besonders deutsche Flugschüler betreuen, die am anderen Ende der Welt fliegen lernen wollen. Wegen dieser für mich verlockenden Aussichten will ich eigentlich die Weltumrundung so schnell wie möglich hinter mich bringen, so dass der Film beendet

Vor dem Start zur Weltumrundung trägt Bernhard Heitz bereits die Kappe mit dem Motto der Reise: «James Cook Adventure».

Das Cockpit der Mooney M20K:
Der Platz von Harald Fresenius (oben)
und Bernhard Heitz (unten).
Zwischen den Instrumentenpanels links und rechts und
den Steuerknüppeln findet sich das Funkgerät und die
Satellitennavigation (GPS).

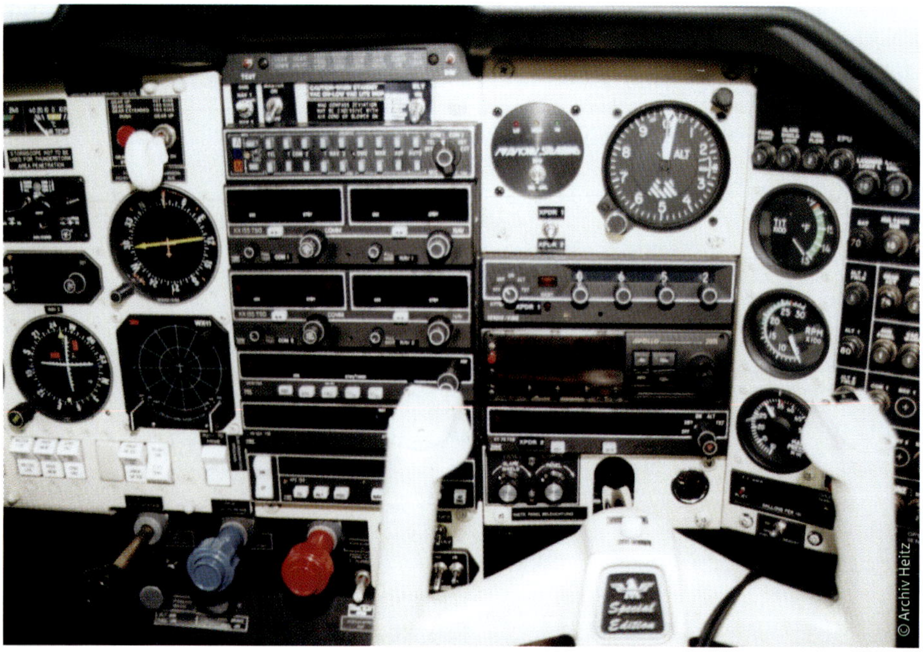

Blick auf den Flughafen und die Siedlung von Söndre Strömfjord/Kangerlussuaq in Westgrönland. Dies ist der wichtigste Flughafen Grönlands, er wurde im 2. Weltkrieg als US-Luftwaffenbasis errichtet und ist heute in ziviler Hand.

Auf dem mächtigen grönländischen Inlandeis, das bis zu vier Kilometer dick ist, leuchten im Sommer tiefblaue Seen aus Schmelzwasser.

Wegweiser auf dem grönländischen Flughafen Kangerlussuaq: Der Nordpol ist näher als Europa.

Großer Bahnhof auf dem Hamburger Flughafen Fuhlsbüttel im Morgengrauen des 2. November 1996: Eine Reihe von Fliegerfreunden nehmen Abschied von Bernhard Heitz und Harald Fresenius, die zu ihrer Weltumrundung starten.

© Archiv Heitz

Harald Fresenius zwängt sich nach einem langen Überwasserflug aus seinem Überlebensanzug. Für den Fall einer Notwasserung haben die Piloten auf allen Strecken über Wasser Schutzanzüge angelegt.

Nach der Landung im jordanischen Amman schenkt Harald Fresenius dem Soldaten, der zur Bewachung der Mooney abgestellt ist, dringend benötigte Medikamente.

Auf Bali treffen Harald Fresenius und Bernhard Heitz durch Zufall ihren Sponsor und einen Mitarbeiter.

Blumen zum Empfang: Nach der Landung gibt es gelegentlich für die beiden Weltumflieger Blumen zur Begrüßung.

Der Checkerboard Hill war die entscheidende Wegmarke im Anflug auf den alten Flughafen Kai Tak in Hongkong. Die Piloten mussten hier eine scharfe Rechtskurve einleiten.

UNITED

Nach zähem Ringen, unendlichen Faxen und Telefonaten können die Weltumrunder einen Traum verwirklichen und am 20. November 1996 zwischen den Jumbos auf dem inzwischen geschlossenen Flughafen Kai Tak in Hongkong landen.

Die Fliegeroveralls mit dem Aufdruck der Sponsoren und den Pilotenstreifen an den Schulterklappen sollen auch in fernen Ländern jedem klarmachen, dass hier Flugzeugführer unterwegs sind.

Harald Fresenius, 56, and Bernhard Heitz, 34 ... flying around the world. Picture: PETER BENNETT

Pilots tell of plane terror near Darwin

eitz, a graduate lawyer rom Hamburg, said: people think we are - and I must admit when gine started making oises I had to agree.

ouldn't help but think ow cold the water was hat might be in the

dreamt of this journey for 30 years and am now doing it."

The men's four-seater aeroplane was yesterday being checked by Darwin aircraft engineers.

They hope to head to Alice Springs tomorrow.

Nach einem Motorproblem sind Heitz und Fresenius glücklich in Darwin im Norden Australiens gelandet. Der Lokalzeitung Northern Territory News ist das am 2. Dezember 1996 einen reißerischen Artikel wert.

Nur mit einer Sondergenehmigung dürfen Privatflugzeuge über dem Hafen von Sydney mit Opernhaus und Harbour Bridge im Tiefflug ihre Runden drehen.

Ein Traum für jeden Flieger - die Mooney auf dem privaten Flugplatz Forest Field in Canterbury auf Neuseelands Südinsel.

Das letzte Foto vor dem Absturz: Am 31. Mai 1997 besuchen Harald Fresenius und Bernhard Heitz den früheren Hamburger Fliegerarzt Dr. Wilfried Gehrke in Fort St. John in der kanadischen Provinz British Columbia.

Die Katastrophe: Am 2. Juni 1997 stürzt die Mooney nach einem Landeversuch auf einer Piste nahe der Stone Mountain Lodge im Nordosten British Columbias in einen bewaldeten Hang. Noch bevor die ersten Helfer am Unglücksort eintreffen, ist das Flugzeug fast komplett ausgebrannt. Das Heck bleibt nahezu vollständig erhalten, während die Kabine nur noch ein schwarzes Gerippe ist.

Sex and the Movies: No Sale

Entertainment/C1

First bite in the Series

Florida 7
Cleveland 2

Sports/D2

Black Monday, Ten Years After

Insight/F1

The Edmonton Journal

http://www.edmontonjournal.com

EDMONTON'S NEWSPAPER SINCE 1903

Sunday, October 19, 1

Greg Southam, The Journal

Journey's End

4½ months after his plane crashed in northern B.C., German aviator Bernhard Heitz is glad to be alive and going home

ANDY OGLE
Journal Staff Writer

Edmonton

Life, says 35-year-old German aviator Bernhard Heitz, is wonderful.

For a man who has spent the last 4½ months of his life wrapped in medical dressings from head to toe in the burn unit at the University of Alberta Hospital, that might seem a strange thing to say.

Yet Heitz has gained inner strength from his ordeal.

He suffered second and third degree burns to 80 per cent of his body when the single-engine, high-performance plane he and his friend Harald Fresenius were piloting around the world crashed in northeastern B.C. June 2. Fresenius, a 36-year-old doctor, was also badly burned and died a month later.

Heitz has recovered enough to fly home to Hamburg today on a specially arranged medical flight.

Saturday he gave his first interview since the crash to express his gratitude to hospital staff, the Firefighters Burn Treatment Society and the many well-wishers who have visited him and sent him cards.

"All the people who work here, from the cleaning ladies to the doctors are just a great team, he says in a low, hoarse voice but in clear and nearly accentless English.

"I never thought how much a smile in the morning can be worth when you're sick. Here it comes naturally."

As he speaks, it's impossible not to think of the English Patient, the badly burned flier with the mysterious past who is tended by a young Canadian nurse in a bombed-out Italian villa in the closing days of the Second World War. The book by Michael Ondaatje was made into an Academy Award-winning movie last year.

"It started out as 'let's go fly to new Zealand and have a lot of fun flying.' But it turned out to be about experiencing people."

— Bernhard Heitz

Like the English Patient, Heitz has many stories, not of intrigue but of his good friend Harald, their journey and the many people they met.

The trip was Fresenius's idea. He owned the plane and had a lifelong wish to visit New Zealand. Heitz convinced him that once they were there, they may as well keep going right around the globe.

"It started out as 'let's go fly to new Zealand and have a lot of fun flying,'" he says. "But it turned out to be about experiencing people. Some incredible things happened to us and flying was in the background. It was the people that made it happen."

The crash occurred as he and Fresenius were on the homeward leg of the eight-month journey that had taken them through Hungary, Jordan, Oman, India, Thailand, Australia and New Zealand.

They were doing a low-level fly-by near Liard River, B.C. about 160 km west of Fort Nelson, for a German TV crew which was chronicling their trip when the plane hit tree tops and burst into flames.

Please see CRASH/A4

Harald Fresenius (left) and Bernhard Heitz set off on an odyssey from which only Heitz would return.

File Photo, The Canadian Press

Prime Minister Jean Chretien reviews honour guards Saturday

Trade tops PM's agenda on Russia trip

Investment targets not being

MIKE TRICKEY
Southam Newspapers and The Canadian Press

Moscow

More trade and better protection for Canadian business people are among the prime goals for Prime Minister Jean Chretien today when he meets Boris Yeltsin at the Russian president's country home near Moscow.

Trade between the two nations has been sluggish despite a commitment by Chretien two years ago to double economic activity to $1.5 billion by the turn of the century.

Efforts to boost economic ties are not helped by a bitter battle between Canadian and Russian partners for control of a luxurious Moscow hotel.

The IMP Group of Halifax, has been the subject of police intimidation and official harassment since it rejected its Russian partners' bid to buy out its share of the Aerostar Hotel. When IMP tried to collect $4.9 million in damages awarded by the Russian Supreme Court, the Russian prosecutor-general thwarted its efforts.

The Canadian Embassy has even had to intervene to ensure the safety of IMP officials when they visit Moscow.

Canada is pressing Russia to renegotiate the Soviet-era Foreign Investment Protection Act, which is now outdated with the new economic realities of post Soviet Russia.

There are few major differences between Moscow and Ottawa outside of polarized positions on further

© Archiv Spaeth

Am Ende seines Aufenthalts widmet die Lokalzeitung Edmonton Journal am 19. Oktober 1997 Bernhard Heitz einen großen Artikel auf der Titelseite, der sogar den Russlandbesuch des Premierministers an den Rand drängt.

Das University of Alberta Hospital in Edmonton, wo Bernhard Heitz über vier Monate auf der Brandstation liegt (auf dem Luftbild in der Mitte links).

Der moderne Komplex des Edmontoner Krankenhauses ist innen großzügig gestaltet und erinnert an ein Einkaufszentrum.

Der Internist Dr. Edward Tredget ist Chef der Brandverletztenstation Fire Fighters Burn Treatment Unit in Edmonton und eine international anerkannte Kapazität auf seinem Gebiet.

Die imposante Vorfahrt des Krankenhauses in Edmonton. Hier kommt Bernhard Heitz erstmals nach vier Monaten im Rollstuhl wieder an die frische Luft.

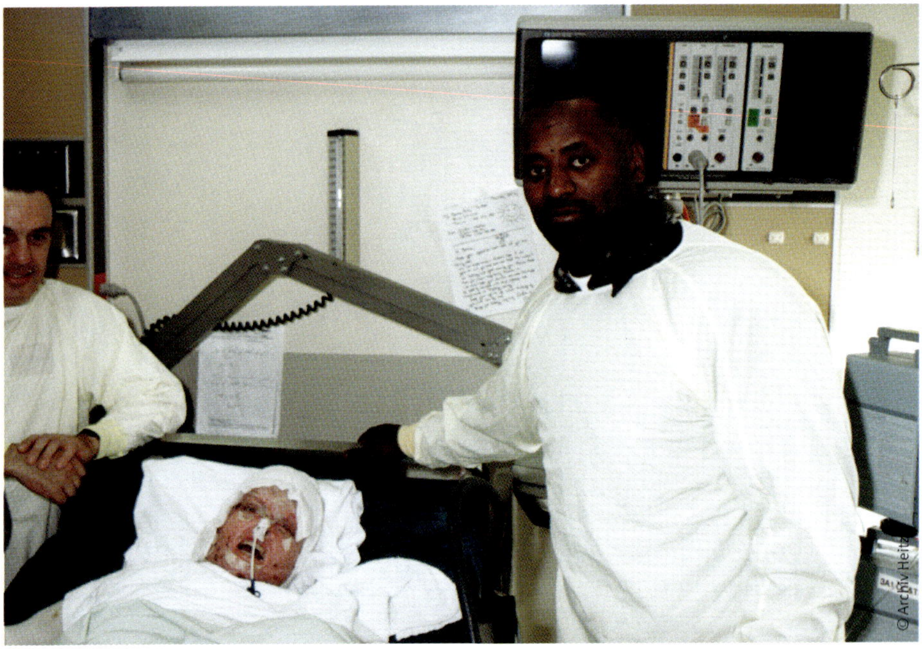

Bernhards 35. Geburtstag am 1. Oktober 1997 im Krankenhaus von Edmonton. Football-Star Leroy Blugh, Ehrenpräsident der Brandverletzten-Vereinigung von Alberta, besucht den Piloten (oben). Dr. Paul Whidden, einer der Chefärzte, überreicht eine Geburtstagstorte.

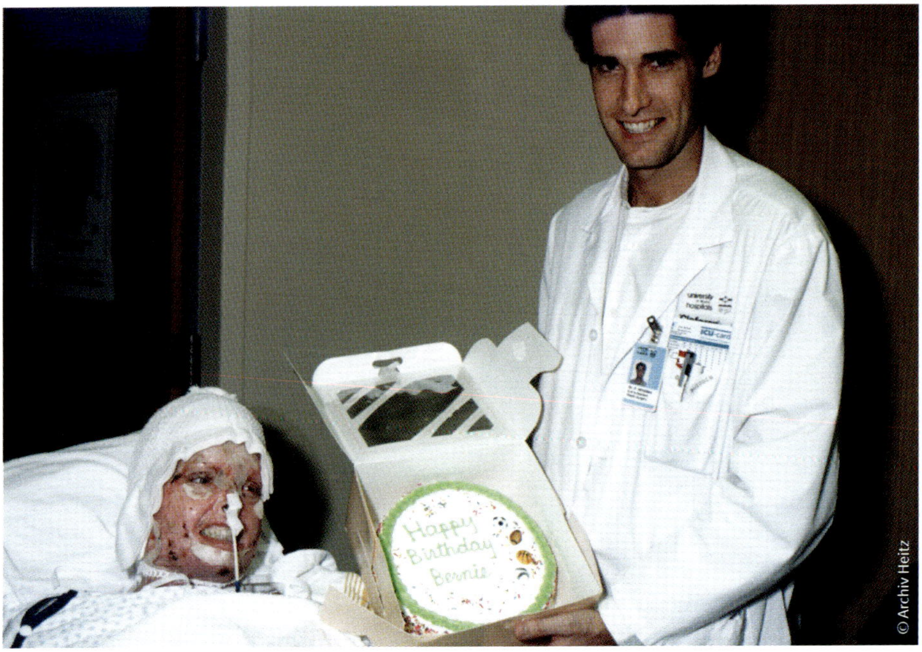

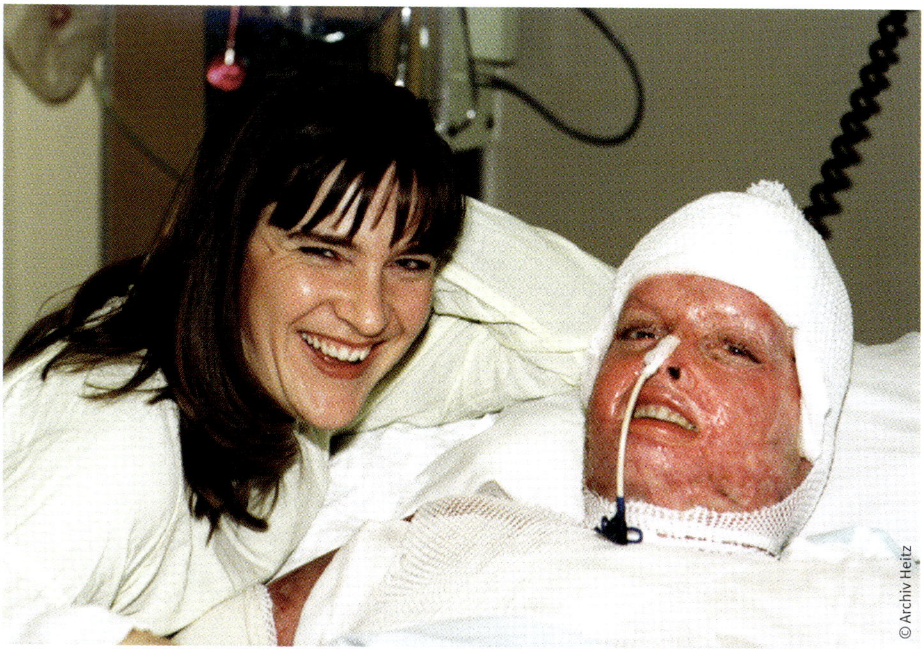

Zwischen Bernhard und Candace Toews, der Pressereferentin des Krankenhauses, entwickelt sich eine enge Freundschaft. Einmal sitzt Candace die ganze Nacht an seinem Bett (oben). Als Candace Bernhard im Oktober 1998 in Hamburg besuchen kommt (unten), macht er ihr einen Heiratsantrag.

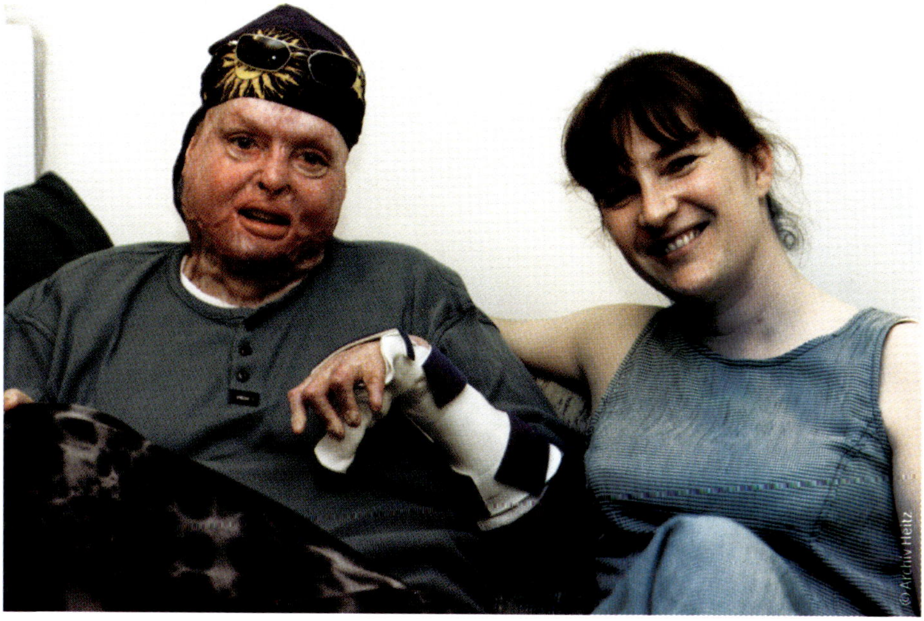

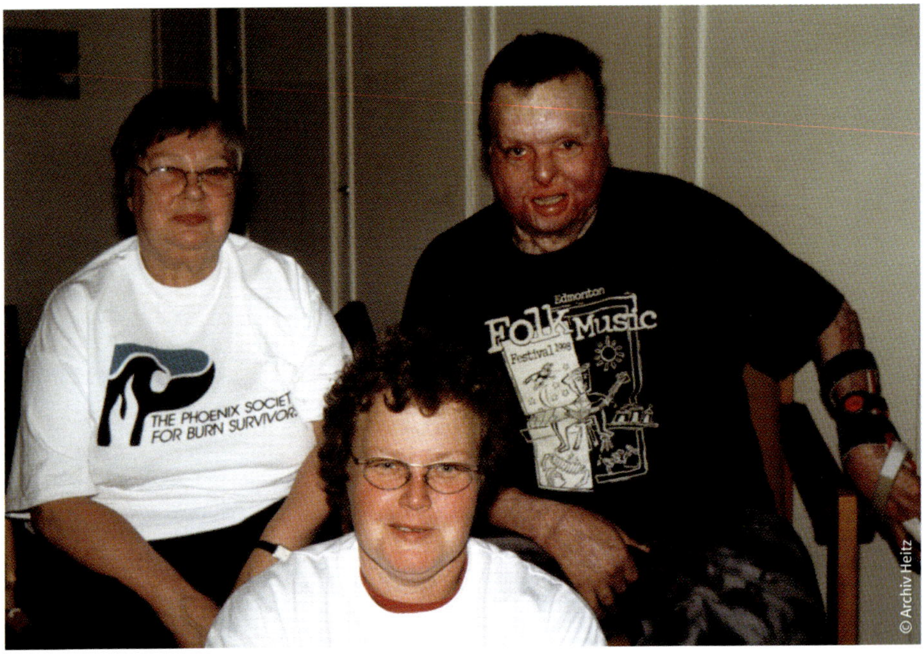

Bernhard Heitz (rechts) und seine Familie im Oktober 1998: Mutter Herma (links) und Schwester Irene (vorn) spielen bei seiner Genesung eine wichtige Rolle.

Die Medien haben sich immer schon für Bernhard Heitz und seine Geschichte interessiert. Inzwischen tritt Bernhard nur noch öffentlich auf, wenn er Werbung für seine Brandverletzten-Initiative Phoenix Deutschland machen kann.

Das Berufsgenossenschaftliche Unfallkrankenhaus Boberg bei Hamburg nimmt Bernhard nach seiner Rückkehr aus Kanada im Oktober 1997 auf. Das Krankenhaus gilt als hervorragend ausgestattet und führend in Deutschland bei der Behandlung von Brandverletzungen. Der Leitende Arzt Dr. Diethart Pitzler (unten links) kümmert sich häufig persönlich um Bernhard Heitz.

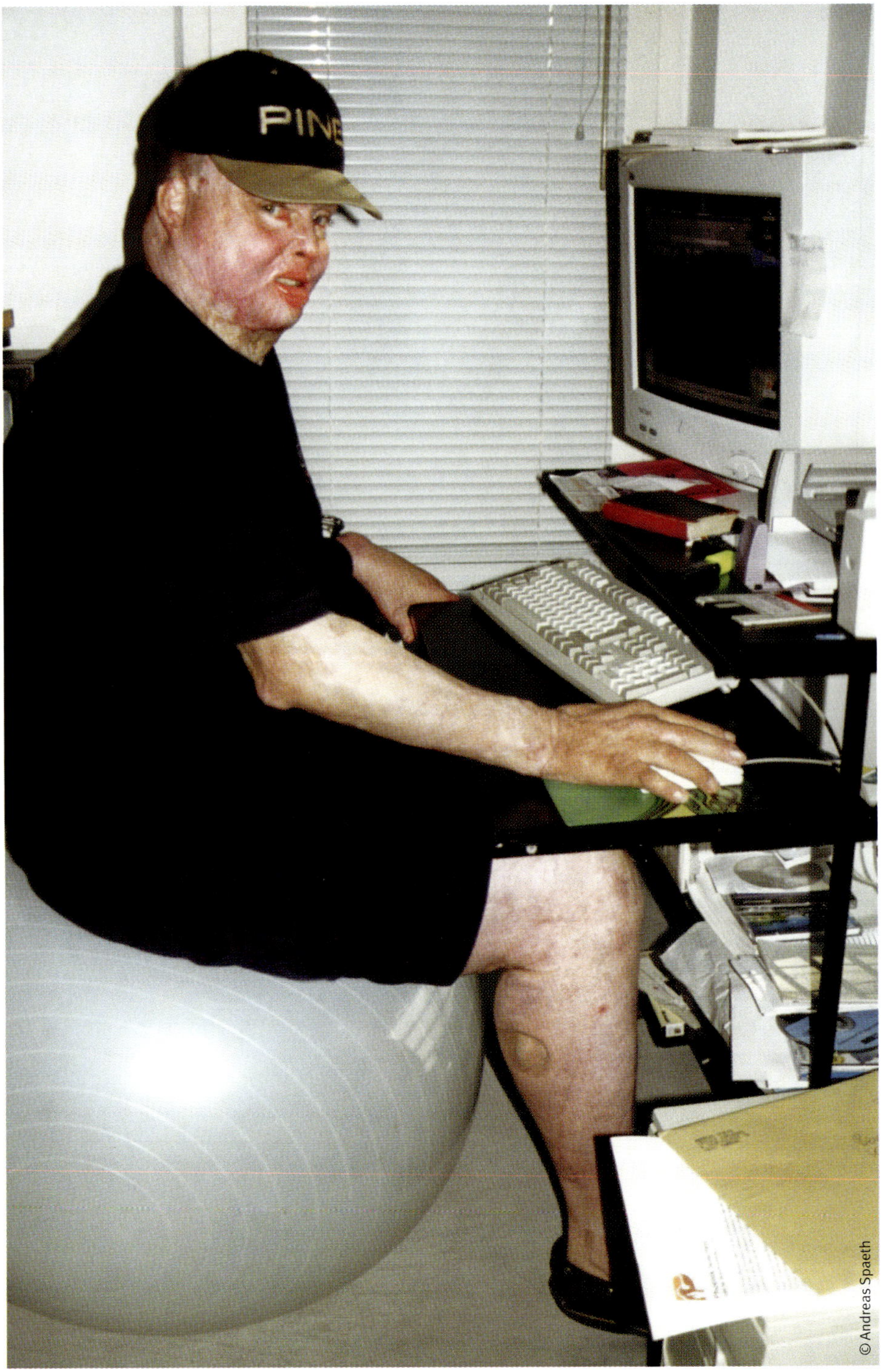

Bernhards neuer Arbeitsplatz in seiner Wohnung in Kaltenkirchen bei Hamburg.
In Zukunft möchte er gern am Design von Internet-Seiten arbeiten.

werden und ich dann nach Neuseeland zurückkehren kann. Deshalb bin ich auch gegen den so verhängnisvollen, ursprünglich nicht geplanten späteren Abstecher nach Kanada.

Harald ist begeistert, dass ich die CPL in der Tasche habe. Er bietet mir an, nach unserer Weltumrundung nach Neuseeland zurückzukehren, um auch noch meine Instrumentenflug-Lizenz (IFR) und die Verkehrspiloten-Lizenz für große Verkehrsflugzeuge (ATPL) zu machen. Das würde er vorfinanzieren, genauso wie meine Einweisung auf der Boeing 737. Meine Bedenken, dass ich dann ja noch tiefer in seiner Schuld stehe, zerschlägt er schnell. Mit dieser Ausbildung hätte ich dann auch in Deutschland oder anderswo in der Welt sofort einen Job bekommen, vielleicht als Copilot auf der 737 bei Hapag Lloyd oder Air Berlin. Aber lieber ist mir die Option Neuseeland, auch dann noch, als ich auf den Fidschi-Inseln später noch ein Jobangebot bekomme. Diese erfreulichen Aussichten feiern wir noch vor unserer Weiterreise mit meinen neugewonnenen Kiwi-Freunden.

Einige Tage vor unserer Abreise widmet uns die neuseeländische Sonntagszeitung „Sunday Star-Times" am 27. April 1997 einen lustigen Artikel unter dem Titel „Bumble bee takes sting out of round-world fliers", der sich mit unserem Maskottchen, einer Hummel, beschäftigt:

„Bernhard Heitz trägt eine zerquetschte Hummel, in Plastik gegossen, an seinem Schlüsselbund – das nennt er ziemlich respektlos einen Glücksbringer. Das wehrlose Insekt brachte es fertig, sich in ein schmales Einlaßrohr an der Tragfläche von Mr. Heitz' einmotorigem Flugzeug zu begeben. Die Hummel legte damit die Instrumente der Mooney M 20K lahm, die schon damit ein hartes Stück Arbeit zu bewältigen hatte, zwei Deutsche auf einer ausgedehnten Weltreise zu befördern. Mr. Heitz (34) und sein Flugpartner, Harald Fresenius, sind in Neuseeland auf halbem Wege, einer exklusiven Gruppe von Leuten beizutreten, die mit einem einmotorigen

Flugzeug die Welt umrundet haben. (...) Die beiden sind Volkshelden in Deutschland, einem Land, das Piloten einmotoriger Flugzeuge wie Mathias Rust huldigt, der unter sowjetischem Radar hindurchflog, um sein Flugzeug 1987 auf dem Roten Platz in Moskau zu landen. (...)"
Naja, die örtliche Presse hatte es diesmal nicht so mit der Wahrheit, aber der Artikel ist eine schöne Erinnerung.

Notlandung beim Start zur zweiten Etappe

Am 2. Mai 1997 geht die Weltumrundung in die zweite Phase. Harald ist aus Deutschland mit dem Filmteam eingetroffen, der Abflug von Ardmore in Richtung Tonga wird sogar vom Hubschrauber aus gefilmt. Die Stadt Auckland bietet dafür eine eindrucksvolle Kulisse. Kurz nach dem Start wird plötzlich der Öldruck immer geringer. Normalerweise überhitzt dann der Motor, doch in diesem Fall geschieht nichts. Wir entscheiden, dass es keinen Zweck hat, unter diesen Umständen die lange Strecke nach Tonga weiterzufliegen. Ich spreche mit dem Tower in Ardmore, die Lotsen fragen, ob es ein Notfall sei, was ich zunächst verneine. Doch zehn Minuten vor der geplanten Landung erlischt die Öldruckanzeige vollständig und ich melde dann doch einen „Emergency." Die Fluglotsen auf dem riesigen Flugplatz, fast so groß ist wie der internationale Flughafen von Auckland, reagieren professionell und räumen alle Anflugrichtungen und schicken die Flugschüler und jeden anderen Verkehr weg vom Platz. Ich bitte um den Anflug in südlicher Richtung, was der Tower bestätigt und sagt, wir könnten auch jede andere gewünschte Bahn nutzen. Dann fällt auch noch der Funk an Bord aus, zum Glück habe ich noch mein Handfunkgerät dabei. So erfahre ich, dass die Lotsen sehen, dass das Fahrwerk nicht ausfährt. Spätestens jetzt ist klar: Die Maschine hat ein Problem mit der Elektrik. Das Fahrgestell pumpe ich dann mit der „Handquetsche" manuell heraus, das ist etwa so ein Seilzug, wie man ihn bei einem Rasenmäher zum Starten des Motors benutzt.

Alles läuft glatt, obwohl die Mooney mit randvollen Tanks landen muß – große Verkehrsflugzeuge bedienen sich in solchen Fällen des Fuel Dumping, sie lassen Kerosin ab, weil sie sonst zu schwer für die Landung wären. Am Boden stellt sich heraus, dass nicht der Öldruck das Problem ist, sondern ganz einfach die schwache Batterie. Harald war aus Versehen an den Hauptschalter gekommen, der die Stromzufuhr über die Lichtmaschine sichert, und so war der Strom aus der Batterie ganz schnell herausgezogen worden – kleine Ursache, große Wirkung. Das Problem läßt sich aber schnell beheben, indem eine neue Batterie eingebaut wird.

Flugzeug, Piloten und Filmteam bleiben also einen weiteren Tag in Auckland – eine günstige Fügung, denn auf Tonga wütet zu unserer geplanten Ankunftszeit ein nicht vorhergesehener Wirbelsturm. Am nächsten Tag wählen wir alternativ eine Flugroute nach Vanuatu, fast direkt nördlich von Neuseeland in der Südsee.

Inselhüpfen in der Südsee

Vanuatu
3. - 6. Mai 1997

Als wir Auckland endgültig verlassen und gerade den internationalen Flughafen überfliegen, verabschieden sich per Funk einige Leute, mit denen ich in den letzten Monaten zu tun hatte. Ich bin ein bisschen traurig, denn Auckland ist mir fast schon zu einer zweiten Heimat geworden und ich freue mich jetzt schon auf meine Rückkehr.

Wir fliegen über die ganze Nordinsel hinweg, und ich muss meine Wehmut überwinden und mich mit den vor uns liegenden Inseln der Republik Vanuatu auf den Neuen Hebriden beschäftigen. Wir fliegen zur Insel Efaté und der Landeshauptstadt Port-Vila, wo wir ziemlich geschafft nach fast sieben Flugstunden landen. Wir suchen uns ein Hotel auf der prächtigen Insel und trinken den üblichen Absacker, bevor wir uns um die Auffüllung unserer Sauerstoffflaschen kümmern. Vor dem Dinner mit folkloristischer Untermalung gönnen wir uns noch ein Bad im kristallklaren Meer. Endlich habe ich Zeit, etwas Abstand zu gewinnen von Neuseeland, dass mir nach fast fünf Monaten doch ziemlich ans Herz gewachsen ist.

Auf dem Weg nach Vanuatu hatten wir über Hochfrequenz-Radio Kontakt zu drei Deutschen, die mit Beechcraft Bonanzas auch um die Welt fliegen und die Harald vorher schon mal in Deutschland getroffen hatte. Einer von ihnen war im Mittleren Pazifik auf dem Weg von Hawaii nach Mikronesien notgewassert und gerettet worden, Harald möchte am liebsten zum Majuro-Atoll fliegen, wo der Pilot hingebracht wird. Doch von Vanuatu nach Majuro sind es 2500 Kilometer, und ich kann Harald überzeugen, dass das keinen Zweck hat, eine Strecke zu fliegen, die der durch ganz Europa und wieder zurück entspricht.

Fidschi
6. - 9. Mai 1997

Von Vanuatu geht es in etwa viereinhalb Stunden weiter auf die Fidschi-Inseln nach Nadi auf der Insel Viti Levu. Hier gibt es wieder ein wunderschönes Interconti-Hotel am Strand, und Harald packt der Entdeckerdrang. Er hat in einem Reiseführer über ein bestimmtes Dorf gelesen, das er jetzt besuchen will. Weil ein Geländewagen hundert Dollar mehr gekostet hätte, mietet er einen normalen Wagen, den ich dann wie meistens fahren muss. Immerhin habe ich mich schon an die Rechtssteuerung gewöhnt.

Über übelste Pisten arbeiten wir uns vorwärts, ich habe immer Angst, dass wir gar nicht mehr nach Hause finden oder mit dem Boden des Autos irgendwo aufsetzen und hängenbleiben. Das Dorf entpuppt sich als eher bescheidenes Nest. Aber wir unternehmen auf diese Weise eine schöne Inselrundfahrt und können auch Flora und Fauna ein bißchen betrachten, was Harald liebt. Er kennt die Namen aller Pflanzen und besucht auf unserer Reise häufig botanische Gärten. Ich mache mir nichts daraus. Dies ist eines der wenigen Dinge, in denen wir beide grundverschieden sind. Erst viel später erwacht plötzlich auch meine Begeisterung für Pflanzen, als wenn sich dieses Faible von ihm auf mich übertragen hätte.

In einem Dorf stellt sich uns auf der Rückfahrt ein junger Kerl in den Weg und sagt, der Bürgermeister verlange für die Durchfahrt zehn Dollar. Wir fahren weiter, ohne ihm das Geld zu geben, sie versuchen es hier manchmal aber auch mit allen Mitteln, einem Geld abzuknöpfen. Besonders in Erinnerung geblieben sind mir die schönen, bunten, großen Tücher mit abstrakten Mustern, die überall verkauft werden. Die Frauen auf den Fidschi-Inseln tragen Röcke aus diesen Tüchern, und sogar die Männer kleiden sich hier in Röcke, die aber nicht so bunt sind.

West Samoa
9. - 12. Mai 1997

In vier Flugstunden fliegen wir von Fidschi nach Samoa in die Hauptstadt Apia auf der Insel Upolu. West Samoa gilt als die „Wiege Polynesiens", und wir nehmen in Aggie Grey's Hotel Quartier, wo schon

Hollywood-Legenden wie Gary Cooper und William Holden übernachtet haben. Upolu ist eine wunderschöne Insel. Auch Robert Louis Stevenson, Autor der „Schatzinsel", hat sich hier im letzten Jahrhundert niedergelassen. Wir mieten ein Auto und schauen uns den ehemaligen Wohnsitz von Stevenson an, der sehr beeindruckend ist. 1894 ist der Schriftsteller auf Samoa gestorben. Auffallend die ovalen, offenen Häuser und die sehr gepflegten Gärten davor. Die Häuser haben geflochtene Dächer und sind ein Sinnbild dafür, dass auf der Insel Privatleben eigentlich unbekannt ist. Wände gibt es nicht, sondern nur Tücher, die tagsüber hochgezogen werden. An einem idyllischen Strand mit weißem, feinem Sand baden wir als einzige Menschen weit und breit, jedes Südsee-Klischee ist erfüllt. Auch wir sind sehr glücklich mit unserem Dasein auf einem der schönsten Flecken dieser Erde.

Cook Inseln
12. - 15. Mai 1997

Nach einer halben Stunde Flug landen wir zum Auftanken in Pago Pago, dem Hauptort der benachbarten Inselgruppe American Samoa. Dort hören wir erstmals von Linda Finch, einer Frau, die in einer alten, zweimotorigen Lockheed 10E Electra die historische Reise von Amelia Earhart rund um die Welt nachfliegt. Diese amerikanische Pilotin war 1932 bei einem Flug über dem Pazifik verschollen, ihr Schicksal ist bis heute nicht aufgeklärt. Wir treffen die Expedition erst später auf den Christmas Islands. Unser Flug führt uns in knapp vier Stunden weiter nach Rarotonga auf den südlichen Cook Inseln, die politisch zu Neuseeland gehören. Die 15 kleineren Inseln sind auf ein riesiges Seegebiet verteilt, das zehnmal größer ist als Deutschland. Rarotonga hat auch den Beinamen „Blumeninsel", und was es da für prächtige Blüten gibt, ist kaum vorstellbar. Wir nehmen uns wieder mal ein Taxi zur Erkundung der Gegend, der Fahrer entpuppt sich als Häuptling des größten Stamms und zeigt uns die schönsten Plätze. Im Hotel treffen wir Deutsche und Schweizer, mit denen sich Harald anfreundet. Wir erfahren, dass die Hotels viel teurer sind, wenn man direkt dort bucht. Aber wir haben wie immer schon vorher verhandelt und meist einen guten Preis erzielt. Einen ganzen Tag auf Rarotonga geben wir uns nur dem Baden im seichten Pazifikwasser hin.

Bora-Bora
15. - 17. Mai 1997

Von Rarotonga fliegen wir in vier Stunden nach Papeete auf Tahiti, der Hauptinsel von Französisch-Polynesien. Auf dem Weg nach Tahiti ist das Wetter sehr schlecht und wir werden arg durchgeschüttelt. In Papeete müssen wir die Einreiseformalitäten erledigen und auftanken, um dann in einer weiteren Flugstunde unser Ziel Bora-Bora zu erreichen. Hier haben wir mal wieder kein Hotel vorreserviert, aber Harald hat ziemlich feste Vorstellungen davon, wo er wohnen will – nämlich am schönsten Sandstrand von Bora-Bora, in Pointe Matira an der Südspitze der Insel. Da gibt es ein Luxushotel mit 30 ins Meer gebauten Bungalows, das „Moana Beach Parkroyal." Der Flugplatz ist auf einem Archipel der Hauptinsel vorgelagert, man muß mit einem Boot nach Bora-Bora übersetzen. Weil wir nach dem letzten Linienflug ankommen, fährt kein planmäßiges Boot mehr. Mit dem Handfunkgerät funken wir den Tower an, die Lotsen fragen, wo wir denn hinwollen. Harald nennt das Hotel und der Lotse fragt zurück, ob er denn wisse, was das kostet. Nein, sagt Harald, und der Lotse nennt einen Preis in Franc, ungefähr 3000 Mark die Nacht, wie wir später ausrechnen. Harald ist das egal, da will er eben hin. Der Mann im Tower besorgt uns also ein Boot, das uns zum Hotel bringt, wo schon der Manager mit einer Mitarbeiterin wartet und uns die obligatorischen Blumenkränze umhängt.

Es ist ein sagenhaftes Hotel, bestimmt das schönste, das ich in meinem Leben gesehen habe. Es liegt in einer flachen Lagune, das Wasser leuchtet türkisblau. Wir sind einfach umgehauen von dieser Perfektion, legen unser Gepäck ab und sagen erstmal kein Wort. Es gibt im Bungalow einen Tisch aus Glas, den man aufschieben kann. Darunter befindet sich eine Öffnung zum Wasser mit einem Scheinwerfer, den man abends anschalten kann, um die Fische anzulocken und zu füttern. Jeder Bungalow hat einen eigenen Zugang zum Wasser, und wir gehen erstmal schwimmen nach diesem langen Tag. Später ziehen wir uns fein an und gehen ins Restaurant, das am Strand liegt. Wir sitzen einfach nur da und ich denke: „So ein schönes Leben."

Einen Service, der besonders den zahlreichen Hochzeitsreisenden gut gefällt, bietet das Hotel morgens: Die Gäste können sich ihr Frühstück per Boot in den Bungalow bringen lassen. Wir fahren mit dem Bootsshuttle am nächsten Tag wieder zum Flugplatz und machen einen Rundflug über Bora-Bora und schauen uns auch noch per Auto die Insel an, vor allem aber genießen wir die zwei Tage in unserem Traumhotel.

Christmas Island/Kiribati
17.- 18. Mai 1997

Wir sind auf dem Weg Richting Hawaii und landen erstmal auf Tahiti in Papeete zwischen, um aufzutanken. Dann geht es nach Christmas Island, dem Kiritimati-Atoll. Der Flug dauert fast acht Stunden. Die Franzosen allerdings haben Sorge, ein einmotoriges Flugzeug so weit über Wasser zu schicken. Daher verpflichten sie uns dazu, uns per Hochfrequenz-Radio jede halbe Stunde bei ihnen zu melden, eine manchmal mühsame Prozedur. Wir überqueren bei diesem Flug von Süden aus kommend den Äquator. Weil meine Äquator-Taufe auf dem ersten Abschnitt unserer Reise wegen des Wetters ausfallen mußte, tauft Harald mich jetzt und schüttet mir in der Luft einen Schwall Wasser über den Kopf und gibt mir den Namen „Adler.“ Es sind diese Momente, die mich mit Harald auf ewig verbinden.

Politisch gehört das kaum 50 Kilometer lange Atoll zur Republik Kiribati, einem Land aus 33 Koralleninseln und Atollen, das 1979 unabhängig wurde. Es liegt in der äußersten Nordostecke des Staatsgebiets, das in seiner Ausdehnung beinahe 5000 Kilometer breit ist und fast nur aus Wasser besteht. Auf dem Kiritimati-Atoll nistet die größte Trauerseeschwalben-Kolonie, die es auf der Welt gibt. Sie ist als Naturpark geschützt, die Strände hier sind bevölkert von Riesenkrebsen. Die Inseln liegen so abseits, dass es hier kaum Tourismus gibt und auch nur ein Hotel, das James Cook Hotel.

Wir kämpfen am Flugplatz mit den in der Südsee üblichen Problemen beim Zoll und betanken das Flugzeug. Ziemlich spät kehren wir ins Hotel zurück, wo schon Linda Finch mit ihrer ganzen Crew beisammensitzt. Schon am Flugplatz hatten wir uns allerdings gewundert, dass sie als Pilotin nicht selbst die Beladung und Betankung ihrer Maschine überwacht. Mrs. Finch reist auf ihrem Amelia Earhart-Revival-Flug im Verbund mit einem Begleitflugzeug, in dem ihr unter anderem Fotografen und Autoren von National Geographic folgen. Der Chef der Gruppe, vermutlich auch der Finanzier der Tour, stellt uns der Dame als Weltumrunder vor, doch Mrs. Finch sagt nur „How are you?“ und sonst gar nichts. Wir wundern uns, dass sie nicht mit uns reden will, wo sie doch genau wie wir einem Flug-Abenteuer nachgeht. Doch wir kümmern uns nicht weiter darum, dafür sind wir in diesem Moment zu hungrig.

Hawaii
18. - 28. Mai 1997

Weiter geht die Reise nach Hilo auf Hawaii, der größten Insel der berühmten gleichnamigen amerikanischen Inselgruppe, wo wir nach wiederum über acht Flugstunden landen. Das Wetter ist diesmal schön, aber gegen Ende wird der Sprit schon etwas knapp. Trotzdem schicken uns die Fluglotsen in den normalen Anflug im Uhrzeigersinn fast um die ganze Insel, ich werde fast wahnsinnig. Andersrum und natürlich in niedrigerer Flughöhe als der andere Verkehr wäre es viel schneller gegangen, doch in Hawaii scheint man kein großes Verständnis für die besonderen Bedingungen unseres Fluges zu haben. Doch alles geht gut, und wir freuen uns, wieder in Amerika zu sein. Nachdem wir ein Hotel gefunden haben, gönnen wir uns erstmal ein ordentliches Steak, und wir sind beide hochzufrieden.

Bisher haben wir uns ziemlich genau an die vorgeplante Route gehalten, nur der Stopp in Tonga ist ausgefallen. Jetzt ist geplant, von Hawaii zu den Midway-Inseln und von dort nach Alaska und weiter nach British Columbia in Kanada zu fliegen. Doch es zeigen sich Probleme: Midway ist eine Militärinsel und dort gibt es keinen Sprit für kleine Flugzeuge. Auf dem Kiritimati-Atoll konnte ich vorab unseren Treibstoff organisieren, in Midway war das nicht möglich. Eventuell hätten wir auf einem Militärtransport den Sprit nach Midway schicken können, doch für den Preis hätte man fast schon ein neues Flugzeug kaufen können. Harald entscheidet sich statt dessen, Zusatztanks für extrem lange Flüge einbauen zu lassen, um die Möglichkeit zu haben, von Hawaii aus direkt die US-Westküste zu erreichen. In Hilo sagt man uns aber, dass wir dazu nach Honolulu fliegen müssten.

Am 20. Mai geht es nach dann zur Hauptstadt des US-Bundesstaats Hawaii. Beim Anflug auf Honolulu weisen uns die Lotsen in letzter

Minute an, die Bahn zu wechseln. Große Genugtuung für uns: Ein Jumbo Jet muß warten, bis unsere Mooney gelandet ist – ein Empfang nach unserem Geschmack. Am nächsten Tag stellt sich heraus, dass die Firma nur zwei Tanks hat, die bei uns nicht hineinpassen. Sie müssen erst entsprechend umgebaut werden. Auch ist jetzt die turnusgemäße technische Kontrolle fällig, wir haben also während dieser Arbeiten Zeit, uns die Insel Oahu per Mietwagen anzusehen. Als wir abends ins Hotel zurückkommen, trifft uns fast der Schlag: Ein Herr von der amerikanischen Luftaufsichtsbehörde FAA hatte angerufen. Harald macht sich schon Sorgen, dass er möglicherweise den Einbau des Tanks verbieten würde. Als wir ihn anrufen, lösen sich diese Bedenken in Luft auf. Er hat unser Flugzeug gesehen und findet toll, was wir machen, deshalb lädt er uns zu sich nach Hause ein. Es wird ein netter Tag bei ihm, er war in den dreißiger und vierziger Jahren Schauspieler. Durch den Krieg kam er dann zur Fliegerei und schließlich zur FAA.

Inzwischen ist unser Flugzeug fertig und Harald macht einen Probelauf, bis auf einen etwas unrund laufenden magnetischen Zündmechanismus macht alles einen guten Eindruck. Harald macht sich deswegen keine Sorgen, mir ist etwas mulmig. Harald plant immer noch, von Honolulu über Midway nach Adak auf den Aléuten zu fliegen, die kürzeste Distanz in Richtung des amerikanischen Festlands. Doch diese Gegend ist berüchtigt als üble Wetterküche, wo man nach einem langen Flug durch blauen Himmel am Ende noch ziemliche Probleme kriegen kann. Einen alternativen Landeplatz gibt es nämlich nicht.

Wir treffen hier Mrs. Finch und ihren historischen Flugzirkus wieder. Auch jetzt kein Wort zwischen beiden Seiten, allerdings erfahren wir von der Bodencrew, dass meist der Navigator die Electra fliegt, weil Mrs. Finch sich schon mehrfach verflogen hat und einmal fast den

Flieger bei einer Landung in den Sand gesetzt hätte. Harald vermutet, dass sie sich aus diesem Grund nicht mit uns unterhalten will, um nicht zugeben zu müssen, dass sie gar nicht Herrin der Dinge ist. So wie es in den Medien dargestellt wird, dient sie vielleicht doch nur als Galionsfigur.

Am 25. Mai wollen wir von Honolulu starten, aber schon beim Warmlaufen des Motors merken wir, dass der Magnetzünder ganz im Eimer ist. Es ist klar – das muss repariert werden. Aber es ist schon Abend, und am nächsten Tag ist Memorial Day, einer der wenigen Tage im Jahr, wo in Amerika gar nichts geht, und schon gar nicht auf Hawaii. Wir sitzen also erstmal wieder fest. Immerhin gelingt es uns, in den USA einen neuen Magneten zu organisieren. Der ist aber erst am nächsten Abend hier, so dass wir die Zeit nutzen, um weitere Sehenswürdigkeiten wie die monumentale Gedenkstätte auf dem Kriegsschiff „USS Arizona" zu besichtigen.

Am 27. Mai ist die Mooney endlich wieder startklar und wir fliegen zurück nach Hilo, weil das der östlichste Punkt der Hawaii-Inseln ist. Von hier aus wollen wir am 28. Mai Palo Alto in Kalifornien erreichen, das an der San Francisco Bay südlich der Golden Gate-Metropole liegt. Die rund 3500 Kilometer lange Route ist nonstop nur mit besonderen Vorkehrungen zu bewältigen: Die Langstreckentanks sowie die extra eingebauten Zusatztanks sind randvoll gefüllt, einen Haufen unseres Gepäcks haben wir per Luftfracht vorausgeschickt, damit die Mooney diese Herausforderung bewältigen kann. Es ist die längste Strecke, die wir je ohne Zwischenstopp fliegen, mit neun Stunden und 40 Minuten ist die Flugzeit am Ende allerdings zwei Minuten kürzer als der Abschnitt Hongkong-Singapur.

Das ist ein sehr spannender Flug bei ausschließlich gutem Wetter, den wir dank des ordentlichen Rückenwindes so schnell bewältigen.

Ich bin bewegt, als die kalifornische Küste auftaucht und ich dort immer mehr erkennen kann. Ich erinnere mich an viele Orte, schließlich habe ich hier einmal viereinhalb Jahre gelebt.

Nach der Landung stürze ich aus der Maschine zum nächsten Baum – die lange unterdrückte Pinkelpause ist nicht mehr aufzuhalten. Wir tanken die Maschine gleich auf, geben die Überlebensanzüge ab, die wir während eines Überwasserflugs immer tragen. Wir suchen uns ein Hotel, und nach dem Essen sinken wir todmüde ins Bett.

West-Kanada
29. Mai – 1. Juni 1997

Gleich am nächsten Morgen fliegen wir nach Vancouver und weiter nach Hudson's Hope im östlichen British Columbia, wo wir Christian Eschenburg, einen Bekannten von Harald, treffen wollen. Auch das Filmteam, das eigentlich in Alaska auf uns gewartet hat, ist auf Umwegen jetzt hierher gekommen. Hudson's Hope ist einfach nur eine große Landebahn, auf der früher sogar Boeing 737-Jets gelandet sind. Die Bahn wurde angelegt, als man hier einen riesigen Stausee gebaut hat und die Arbeiter einfliegen mußte. Wir haben es nicht leicht, uns hier bemerkbar zu machen und unsere Abholung zu organisieren. Schließlich kommt Nicola Eschenburg, die Frau von Christian, und bringt uns zu den anderen. Ein großes Hallo, gemeinsam warten wir auf Mitternacht, um in Haralds 56. Geburtstag am 30. Mai hineinzufeiern. Für mich ist dies auch ein besonderer Anlass, denn ich habe mich in Washington D.C. genau vor zehn Jahren mit Harald angefreundet, damals, als er mir das „Du" angeboten hat.

Am nächsten Morgen steht ein Ausritt an, was sich für jeden kurios anhören muß, der Harald kennt: Er hat nämlich Angst vor Pferden, die sind ihm nicht geheuer. Aber er ist mutig und setzt sich auf einen Gaul, wir reiten gemeinsam durch die Wildnis. Das ist sehr schön, aber für mich, der ich reiten kann, auch etwas öde, weil die Pferde nur geradeaus traben, sie zu lenken funktioniert nicht. Auch mein Gesäß tut mir bald sehr weh. Wir wohnen bei ausgewanderten Deutschen, Martin und Petra Fischer, in schönen Hütten, und abends feiern wir mit einem tollen Grillfest nochmal den Geburtstag. Das ist Kanada-Idylle pur, die Pferde des Hausherren laufen frei herum und beschnuppern uns.

Am 31. Mai fliegen wir nach Fort St. John, fast drei Stunden den Peace River entlang. Dort wohnt Dr. Wilfried Gehrke, ein früherer Fliegerarzt aus Hamburg, den wir besuchen und dessen Gastfreundschaft wir sehr genießen, bevor es am Abend zurückgeht nach Hudson's Hope. Am 1. Juni brechen wir von Hudson's Hope nach Fort St. James im Nordosten British Columbias auf. Abends treffen wir uns mit dem Filmteam und Christian Eschenburg, die mit dem Auto hergefahren sind.

Ich will eigentlich gar nicht weiter hier in Kanada durch die Gegend fliegen, sondern schnell wieder auf die eigentlich vorgesehene Route, um die Weltumrundung und den Film zu einem würdigen Abschluß zu bringen und dann wieder nach Neuseeland gehen, um dort als Fluglehrer und Pilot zu arbeiten. Den Weg über Vancouver nach Hudson's Hope kann ich noch als Abstecher akzeptieren, um Haralds Geburtstag zu feiern, obwohl ich den lieber mit ihm allein irgendwo begangen hätte. Unsere Planung sieht vor, nach Arizona zu fliegen, um die Brüder Dick und Burt Rutan zu besuchen. Eine Crew von Enthusiasten baute in der 80er Jahren ein kolbenmotorgetriebenes Flugzeug, mit dem Dick und Jeana Yeager 1986 nonstop um die Welt flogen – ein Rekord, der einmalig bleiben wird. Auch zu den Mooney-Werken in Kerrville/Texas ist ein Abstecher vorgesehen, bevor wir in Florida die fällige 100-Stunden-Kontrolle machen lassen wollen. Dann soll es die US-Ostküste hinaufgehen, über Grönland und Island zurück nach Hamburg. Dass diese und alle anderen Pläne für unser Leben in wenigen Stunden Vergangenheit sein werden, ahnen wir natürlich zu diesem Zeitpunkt noch nicht.

4. Kapitel: Der Absturz

„Sie hatten Wind und Wetter getrotzt, Gefahren überwunden und jedes technische Risiko ausgeschlossen. Doch ein kleiner Schlenker, abseits des Programms, sorgte für ein schreckliches Ende des Traums der beiden Hamburger Harald Fresenius (56) und Bernhard Heitz (34), um die Welt zu fliegen.“

Hamburger Abendblatt, 5. Juni 1997

Meine Erinnerung an das Unglück

2. Juni 1997 in Fort St. James im kanadischen Bundesstaat British Columbia. Wir stehen früh auf wie immer und müssen uns erstmal mit den Geschehnissen des Vorabends auseinandersetzen, als es mit Heinz Hampe, dem Leiter des Dokumentarfilm-Teams, zum Eklat gekommen war. Das Team war von Fort St. John aus mit dem Auto hierher gekommen, wir waren geflogen. Grund für den Eklat war, dass ich zugab, das Drehbuch für die Fernseh-Dokumentation noch nie gelesen zu haben. Das hielt ich auch gar nicht für so nötig, weil mir Hampe ja am Morgen immer sagen konnte, was ich tun sollte. Er sah das anders, es war wohl für ihn auch eine Frage der Berufsehre. Aber ich hatte bisher weder das Drehbuch gesehen noch hätte ich Zeit gefunden, es zu lesen, schließlich war ich in Neuseeland fast bis zum letzten Tag damit beschäftigt, meine Lizenzen zu machen.

Ich sage Harald, dass ich sowieso nicht begeistert bin, dass wir wegen der Filmaufnahmen nicht wie geplant von Fort St. James nach Colorado in die USA fliegen, sondern statt dessen weiter in Kanada umherkurven. Zumal die Landebahnen hier alle kurz sind, es fast nur Grasbahnen gibt und wir außerdem sehr schwer sind mit der Mooney. Wenn es denn schon sein muss, wäre ich lieber mit dem Filmteam im Auto zur Stone Mountain Lodge gefahren, wo Harald jemanden besuchen will. Es ist ein Freund von dem in Hudson's Hope lebenden Christian Eschenburg, einem der vielen deutschen Piloten, die bei Harald ihr Medical kriegen und auf der ganzen Welt verstreut sind. Was genau Harald hier will, weiß ich nicht, irgendwie geht es um einen Promotion-Film für den Tourismus in Alberta. Harald will aber dort hinfliegen, um zu prüfen, ob wir auf der Grasbahn landen können. Möglich ist aber auch, dass wir auf einen nahegelegenen Flugplatz mit einer aus Gravel, kleinen Steinchen, bestehenden Piste ausweichen oder lieber doch zurückfliegen. Ich bin etwas ungehalten und missmutig, aber ich will auch nicht immer der Spielverderber sein. Während das Team also im Auto losfährt, gehen Harald und ich frühstücken. Wir sprechen darüber, dass wir ja schon in 20 Tagen wieder in Hamburg sein wollen. Harald rückt langsam damit heraus, was unsere Freunde für die Ankunft planen – sie wollen uns mit ihren Flugzeugen von Dänemark aus nach Hamburg eskortieren und dort Ehrenrunden mit uns drehen.

Wir checken anschließend im Hotel aus und fahren zum Flugplatz, um zu warten, bis das Team bestätigt, dass es an der Lodge eingetroffen ist. Geplant ist eigentlich, dass wir um 13 Uhr dort ankommen, doch die Sache zieht sich hin. Ich frage Harald nochmal: „Bist Du Dir sicher, dass Du das machen willst?" Er beharrt: „Ja, wir fliegen da mal hin und ziehen ein paar Kreise und gucken uns das an." Im Abschätzen von Flugplätzen aus der Luft ist er ja äußserst erfahren. Wir sitzen dann also im Flugzeug, und ich habe immer noch keine Lust. Harald muss sogar den Funk machen, was sonst meist meine Aufgabe ist. Funken in Englisch lässt er immer mich machen, da ist er ein bisschen bequem. Aber letztlich komme ich mit, obwohl wir uns zum ersten Mal auf der Tour nicht einig sind.

Also starten wir zur Stone Mountain Lodge, die auf etwa 750 Meter Höhe in einem Tal an einer Grasbahn liegt. Die Bahn verläuft ungefähr in Ost-West-Richtung, wobei sie nach Osten hin leicht ansteigt. Wir fliegen an den Bergen im Westen vorbei und kommen zum Landeplatz. Harald geht anscheinend ein ganz normales Anflugverfahren durch. Für mich ist es wunderschön, die Landschaft zu betrachten. Es ist eine der wenigen Gelegenheiten auf der Reise, wo ich mich wie ein Fluggast zurücklehne und seitlich aus dem Fenster gucken kann. Deswegen merke ich viel zu spät, dass Harald sich nicht an unsere Abmachung halten will, erstmal zu schauen, wie die Lage des Flugplatzes ist, sondern sofort zur Landung ansetzt.

Die Maschine schwebt nach meiner Einschätzung etwas zu lange, und eigentlich müsste er das Durchstarten beginnen. Bis es soweit ist, vergehen vielleicht die entscheidenden Zehntelsekunden. Wir fliegen weiter auf die Bäume zu und ich denke: „Oh je, das wird knapp." Dann schlagen auch schon die ersten Baumwipfel an unsere Tragflächen, das ist das ekelhafteste Geräusch, das ich in Erinnerung habe. Ähnlich muss es klingen, wenn ein lebendiger Körper bei einem Unfall auf ein Auto aufschlägt.

Aber in diesem Moment kommt mir nur ein Gedanke: „Jetzt ist es aus. Du wirst sterben." Blitzschnell laufen vor meinem geistigen Auge nochmal viele wichtige Dinge aus meinem Leben ab: Ich erinnere mich an meine liebste Grundschullehrerin, an meinen geheimnisvollen Lieblingsspielplatz in Müllheim, an meine Mutter, an Nicole, aber auch an unsere Abreise, meine letzte Landung beim Prüfungsflug in Neuseeland. Ich sehe einen dunklen Kanal, der mich vollständig umschließt und an dessen Ende ein weißes Licht scheint. Ich fühle, wie ich geboren werde. Denke ich am Ende meines Lebens an den Anfang?

Und dann bin ich zurück in der Realität, denn da kommt dieser steil ansteigende Berg auf uns zu und es fliegen Wortfetzen umher: „Wohin?", „nach rechts!", „schnell!" Tatsächlich dreht die Maschine nach rechts, wo ich beim Einfliegen in das Tal einen Fluss gesehen hatte. Durch das ansteigende Terrain aber werden auch die Bäume immer höher. Wir schlagen derart heftig an die Baumwipfel, dass wir nach vornüber kippen und mit der Nase aufschlagen, das Flugzeug aber auf dem Bauch zum Liegen kommt.

Ich bin leer und denke an nichts. Ist das der Schock? Alles läuft mechanisch ab, so wie wir das bei unserem Flugsicherheitstraining in Texas gelernt hatten: Zuerst den Tankwahlschalter, dann den Hauptschalter aus und den Emergency Location Transmitter an und nichts wie raus aus dem Flugzeug. Ich versuche, die Tür zu öffnen, die aber zuerst von armdicken Baumstämmen blockiert ist. Schließlich schaffe ich es und stolpere über die Tragfläche nach draußen. Ohne dass mir wirklich bewusst ist, dass ich brenne, wälze ich mich reflexartig am Boden, weil ich Angst habe, dass mein Alptraum, in einem Flugzeug zu verbrennen, wahr werden würde. Ich schaue auf das Flugzeug. Harald kommt nicht und er ruft immer: „Meine Kamera, meine Kamera!“ Ich haste zum Flugzeug zurück, aus dem Harald jetzt endlich herausgekrochen kommt. Ich helfe ihm von der Tragfläche und wir schleppen uns vom Flugzeug weg. In sicherer Entfernung wälze ich mich wieder am Boden, denn ich muß irgendwie im Unterbewusstsein doch mitbekommen haben, dass ich tatsächlich brenne.

Harald sitzt am Boden und versucht, die Flammen zu löschen. Er sagt: „Zieh' mir die Hose aus.“ Ich frage immer: „Wie geht's Dir, Harald?“, aber er sagt nur: „Zieh mir die Hose aus.“ Mit meinen kaputten Fingern schaffe ich das gerade so. Ich merke inzwischen, dass sich die Nägel vom Nagelbett lösen. Meine Schuhe und meine Hose bekomme ich gar nicht mehr aus, ich sitze auf dem Boden und schreie wie ein Wilder. Ich habe auch kein T-Shirt mehr an, das ist sofort weggebrannt. Jetzt erst merke ich, wie schlimm die Situation ist. Meine Jeans dagegen hat den Unfall einigermaßen heil überstanden. Es dauert ungefähr 15 Minuten, bis die Filmcrew und unser Bekannter am Unfallort sind. Der Kameramann, so erfahre ich später, hat währenddessen mit der Kamera immer draufgehalten. Das enttäuscht mich etwas, denn schließlich waren wir inzwischen Freunde geworden, aber vielleicht hat eine Mischung aus Sensationsgier und Schock dazu beigetragen. Aber immerhin, ohne das Filmteam würde ich heute wohl nicht mehr am Leben sein. Bis es da ist, brennt die Kabine des Flugzeugs völlig aus, nur noch ein schwarzes Gerippe ist übrig. Ich bitte die Helfer, mir Hose und Schuhe auszuziehen. Bis die aus der Lodge alarmierten Rettungskräfte eintreffen, dauert es nochmal eine ganze Zeit. Wir werden dann erstmal mit dem Krankenwagen zu dem nahegelegen Flugplatz von Toad River gebracht und von dort mit zwei Flugzeugen nach Fort Nelson ins General Hospital ausgeflogen.

Später erfahre ich, dass Harald das Ausmaß seiner Verletzungen schon erkannt haben muß und zu den Rettungskräften sagte, dass sie sich doch um mich kümmern sollten, bei ihm sei doch sowieso alles zu spät. Es hat mich sehr bewegt, dass es Menschen gibt, die über das normale Maß hinaus Freunde sind. Harald und ich waren wirklich eine verschworene Gemeinschaft. Das Krankenhaus in Fort Nelson ist kaum größer als ein geräumiges Wohnzimmer, es bietet Platz für zwei Patienten, von einem Vorhang getrennt. Ein Rettungssanitäter bleibt ständig bei mir und füttert mich mit Stückchen aus Wassereis, weil ich ein wahnsinniges Verlangen nach Flüssigkeit habe. Ich werde nach Adressen, Telefonnummern und etwaigen Allergien gefragt. Dort werde ich dann wegen der großen Schmerzen ins künstliche Koma versetzt. In zwei Flugzeugen werden Harald und ich noch in der Nacht von Fort Nelson in die etwa 800 Kilometer entfernte Großstadt Edmonton im Bundesstaat Alberta geflogen und im Universitätskrankenhaus auf der Brandverletztenstation eingeliefert. Die nächsten sechs bis acht Wochen weiß ich gar nicht mehr genau, was geschieht, weil ich unter hohen Dosen von Morphium stehe.

Offizielle Berichte
Was die Unfalluntersucher ermitteln

Der offizielle Untersuchungsbericht der Generalstaatsanwaltschaft von British Columbia (Case No. 97-606-0002), der sich mit den Umständen des späteren Todes von Harald Fresenius beschäftigt, beschreibt den Ablauf des Unglücks so: *„Diese Landung war Teil eines Videos, das der Erinnerung an den Flug und der Tourismuswerbung für die Gegend dienen sollte. Der Flugzeug-Eigner und Pilot, Dr. Fresenius, war wegen der Geschwindigkeit seiner Maschine gewarnt worden, auch wegen der Höhenlage und Länge der Landepiste, aber er führte die Landung trotzdem aus. Es war seine Absicht, im Tiefflug einmal die Piste entlangzufliegen, bevor er landen wollte (man ging davon aus, dass er drehen und zur Landung gegen den Wind fliegen würde). Er begann den Überflug mit dem Wind und wurde von Zeugen dabei beobachtet, wie er sich mit ausgefahrenem Fahrwerk dem Boden bis auf wenige Fuß näherte. Als er die Piste zu etwa drei Viertel überflogen hatte, gab der Pilot Schub, aber für Zeugen, darunter ein sehr erfahrener Gebirgspilot, war es offensichtlich, dass dem Flugzeug die Kraft und der Platz fehlte, über die bewaldeten Hügel hinter dem Ende der Piste zu steigen.*

Die Unfalluntersucher fanden heraus, dass die Eignung dieser Piste für die Landung eines schnellen Flugzeugs vorher in Frage gestellt worden war, und es war darauf hingewiesen worden, dass eine Landung in Toad River, nur wenige Kilometer weiter, sicherer gewesen wäre. Nachdem die Entscheidung des Piloten, trotzdem zu landen, den Zeugen [dem über Funk mit ihm am Boden verbundenen deutschen Piloten Christian Eschenburg, Anm. des Verf.] *mitgeteilt worden war, war er gewarnt worden, erst den Überflug zu machen und dann gegen den Wind zu landen. Ob er den Überflug mit dem Wind machte oder den Rat ignorierte und mit dem Wind landen wollte, ist nicht bekannt, aber seine Unfähigkeit, sich nach Passieren von drei Vierteln der Bahnlänge und in Windrichtung aus seiner mißlichen Lage zu befreien, war für die Zeugen sofort offensichtlich, sie wußten, dass er abstürzen würde. (...)*

Die Gruppe der Zeugen, die Film-Crew und die Familie, die die angrenzende Jagd- und Touristenlodge betreibt, verfolgten, wie der Pilot versuchte, einen Absturz zu vermeiden. Als er ihre Umzäunung am Ende der Piste in

Windrichtung passierte, leitete er eine Kurve ein, um einem Baum auszuweichen; dies kostete ihn ein bißchen Höhe. Das Flugzeug flog dann weiter in Richtung der Hügel hinter dem Ende der Bahn und war auffälligerweise nicht in der Lage, Höhe zu gewinnen und bewegte sich direkt auf die auf den Hügeln stehenden Bäume zu. Es wurde dabei beobachtet, wie es mit der rechten Tragfläche gegen einen Baum schlug und dann nach rechts hinter Bäume trudelte, sofort wurde Rauch sichtbar. Eine Serie kleiner Explosionen folgte und kurz darauf stand die ganze Umgebung in Flammen.

Die ersten, die am Unfallort ankamen, sahen, dass der Passagier und der Pilot sich aus dem Wrack befreit hatten, aber nicht vor Ausbruch des Feuers. Sie hatten sich bergab etwa 80 bis 100 Fuß [ca. 25 bis 30 Meter] vom Wrack entfernt, aber ihre benzingetränkte Kleidung brannte und sie hatten bei ihrer Flucht einen Pfad kleiner Feuer hinter sich entzündet."

An anderer Stelle beschäftigt sich der offizielle Bericht mit den äußeren Bedingungen: *„Das Wetter zur Unfallzeit war akezptabel, es gab Sturmzellen in der Gegend, aber nicht direkt am Landeplatz. Der Wind betrug etwa 20 Meilen pro Stunde [rund 34 km/h] und war böig. Der Landeplatz war in gutem Zustand."*

Es wird gemutmaßt, ob die Zusatztanks an Bord der Mooney mit dem Ausgang des Unfalls zu tun haben könnten: *„In Hawaii war von den Behörden die Erlaubnis eingeholt worden, und extra Benzintanks waren in der Kabine des Flugzeugs installiert worden. Es wird bezweifelt, dass diese Tanks zum Unfallzeitpunkt viel Treibstoff enthielten, aber ein Freund und früherer Kollege des Piloten stellte die Installation in Frage. Er sagte den Unfallermittlern, er sei überrascht gewesen, dass die Tanks nur mit Nylonbändern, nicht aber mit Stahlbefestigungen angebracht gewesen seien."*

Auch die kanadische Verkehrssicherheitsbehörde Transportation Safety Board dokumentiert die Geschehnisse des Unfalls, der bei der

Behörde als „Aviation Occurence A97W0099“ aktenkundig ist. *„Die Laboranalyse des Videos der deutschen* **Filmcrew** *ergab, dass das Flugzeug im Endanflug etwa 65 Meilen pro Stunde (ca. 110 km/h) über Grund erreichte, alle Videobilder des versuchten Überflugs zeigen, dass das Fahrwerk und die Landeklappen voll ausgefahren waren. Die spektrographische Analyse des Videotons zu Beginn des versuchten Überflugs ergab, dass die Motordrehzahl beim normalen Maximum lag.“*

Auch die Verkehrssicherheitsbehörde beschäftigt sich mit dem Zusatztank: *„Es wurde berichtet, dass sich ein Paar Zusatztanks, das zur Überquerung des Pazifiks genutzt wurde, zum Unfallzeitpunkt immer noch auf seinem Platz auf dem Rücksitz befand. Die Tanks werden übriggebliebenes Benzin enthalten haben und sie sind vermutlich während des Aufschlags gebrochen. Dadurch ließen sich die schweren Verbrennungen erklären, die die Insassen erlitten.“*

Schock in Deutschland
Wie meine Schwester Irene
von dem Unfall erfährt

Der 3. Juni 1997 ist ein Dienstag. Ich habe in meinem Job als Taxifahrerin einen freien Tag. Nachmittags gegen 17 Uhr besuche ich unsere Mutter, die ebenfalls in Freiburg lebt, zum Tee. Als ich ankomme, ist Mama gerade am Telefon. Ich erwarte schon, dass sie sagt, es sei Bernhard, aus einer Telefonzelle in Hawaii oder so. Doch ich höre ein geschocktes „Was?...Wie?...Ja, wo denn?“ Schließlich drückt sie mir den Hörer in die Hand und sagt: „Micky [Bernhards bester Freund] ist am Telefon, Bernhard und Harald sind mit dem Flieger abgestürzt.“ Das hörte sich so unglaublich an, dass ich es gar nicht ernst nehmen konnte. Aber Micky hört sich ziemlich gedrückt an und wiederholt seine Schilderung. Ein Bekannter aus Hamburg hatte ihn angerufen und Micky, der uns persönlich kennt, gebeten, die Familie zu informieren. Er erklärt, dass die Ärzte sagen, der Zustand beider Flieger sei stabil und die nächsten 48 Stunden würden sie überleben.

Dieser letzte Satz ist es, der mir den Rest gibt, weil er so endgültig und in nur wenigen Worten den Ernst der Lage beschreibt. Der arme Micky, selbst so geschockt von den Neuigkeiten, und nun heule ich ihm eine Runde vor. Er gibt mir die Telefonnummer der Uniklinik in Edmonton und ich verspreche ihn anzurufen, sobald ich mehr weiß. Mama steht die ganze Zeit neben mir, und dass ich anfange zu heulen, verunsichert sie natürlich sehr. Ich lege auf und hole erstmal tief Luft. Dann sage ich, dass die Informationen so spärlich sind, dass ich jetzt erstmal in Kanada anrufen muss. Dort meldet sich die Telefonzentrale. Inzwischen habe ich mich wieder soweit gefasst, dass ich in relativ flüssigem Englisch erklären kann, wer ich bin und was ich will. Ich werde weiterverbunden, zuerst mit einer Schwester, dann mit einem Arzt.

Dr. Mehling erklärt mir, was passiert ist und wie es um Bernhard steht. Er habe 85-prozentige Verbrennungen zweiten und dritten Grades erlitten, sein Zustand sei derzeit stabil. Dann fügt er noch hinzu: „Wie ich gehört habe, hat sich ihr Bruder verhalten wie ein richtiger Held. Er hatte sich schon aus dem brennenden Flugzeug gerettet, und als er merkte, dass sein Freund nicht nachkam, ist er wohl nochmal zur Maschine zurückgegangen und hat Herrn Fresenius geholfen. Das würde wohl nicht jeder machen.“ Doch ich war noch dabei, die medizinischen Informationen zu verarbeiten. Um sicherzugehen, dass ich alles richtig verstanden habe, frage ich den Arzt, ob sich die 85 Prozent auf die Körperoberfläche beziehen, und er bejaht. „That doesn't sound very good“, ist mein Kommentar, aber ich traue mich nicht, genauer nachzufragen. Aber Dr. Mehling versteht auch so.

Er versichert mir, dass alles getan würde, was möglich sei, um den derzeit stabilen Zustand aufrecht zu erhalten, angesichts der schlimmen Verletzungen sei dieser schon sehr gut. Dann gibt er mir zu verstehen, dass die Anwesenheit eines Familienmitglieds dringend erwünscht sei.

O je, wie sollen wir das organisieren? Mir ist gleich klar, dass Mama nicht sofort dahin reisen kann, und ich habe keine Ahnung, wie ich mein Taxigeschäft alleinlassen soll. Dr. Mehling bemerkt mein Zögern und setzt nach, er könne sich vorstellen, dass es nicht so einfach sei, eine so weite Reise so schnell zu organisieren, aber es wäre wirklich wichtig, dass ein Familienmitglied käme. Mich beschleicht die Furcht, dass Bernhard doch dem Tode näher steht, als der Arzt sagen will, und dass es deshalb wichtig sei, dass jemand nach Edmonton fliegt. Wie ernst Bernhards Zustand ist, sickert nur langsam in mein Bewusstsein. Ich verspreche Dr. Mehling zurückzurufen, sobald ich wüsste, wer kommt und wann.

Ich gehe wieder zu Mama nach unten und wir versuchen, uns als Laien vorzustellen, was es bedeutet, Verbrennungen dieses Ausmaßes zu haben. Es ist nicht nachvollziehbar. Aber wir sind uns im Klaren, dass sich der Zustand der beiden jederzeit verschlechtern kann. Über Harald habe ich nur erfahren, dass er noch mehr Verbrennungen hat als Bernhard, ansonsten hält sich das Krankenhaus auch hier daran, Informationen nur an Familienangehörige weiterzugeben. Ab jetzt erfahre ich über Harald nur, was mir seine Freundin Gerlinde oder seine geschiedene Frau erzählt.

Mama geht es nicht gut. Sie erwartet von einer Situation immer das Schlimmste, und so ist es hier auch. Ich habe am Telefon zwar auch geheult, mich dann aber wieder beruhigt. Ich mache mir auch Sorgen, aber in Krisensituationen scheine ich nach einer gewissen Zeit immer dazu übergehen zu können, die praktischen Dinge zu tun. Als nächstes ist zu entscheiden, wer nach Edmonton fliegen soll. Unter praktischen Gesichtspunkten ist es für uns beide der denkbar schlechteste Zeitpunkt, aber sowas zählt ja nur am Rande. Mama fühlt sich nicht in der Lage, in dieser so kritischen Situation in ein Land zu reisen, das sie nicht kennt, dessen Sprache sie nicht so gut spricht und wo sie auch noch bei all den Sorgen um das Leben ihres Sohnes das Organisatorische mit den Ärzten besprechen muss.

Mama meint, es sei besser, wenn ich zuerst reisen würde, sie könne ja später nach Edmonton kommen. Auch eine Art zu hoffen. Ich zögere noch, weil ich gar nicht weiß, ob Bernhard mich überhaupt sehen will, schließlich war ich zur großen Abschiedsfete vor dem Abflug nicht eingeladen gewesen. Dennoch mache ich mir in Gedanken schon Notizen, wie ich in den nächsten Tagen alles einigermaßen organisieren kann – Flug buchen und Kollegen bitten, sich um mein Taxi zu kümmern.

Für uns alle ist der Absturz so eine abstrakte Sache, fast etwas Unwirkliches, wie im Film. Sogar das Telefonat mit der Klinik rückt in diesen unwirklichen Bereich, als wäre das Ganze eine Geschichte, die jemand anders passiert. Gleichzeitig aber zerrt die Ungewissheit an unseren Nerven. Vielleicht kommt dieses unwirkliche Gefühl davon, dass alles so weit weg ist und auch die Informationen nur spärlich oder über Umwege fließen. Ich mache mir Sorgen um Mama, das beschäftigt mich mehr als Bernhard selbst, schließlich ist das Verhältnis zu meinem Bruder nicht gerade das Beste. Die Tatsache, dass ich nicht zur Abflugfeier eingeladen gewesen war, drückt das ziemlich deutlich aus.

Am nächsten Tag gelingt es mir, für den folgenden Tag ein Flugticket nach Calgary zu buchen. Im Zug auf dem Weg von Freiburg nach

Frankfurt sehe ich am Donnerstag auf der Rückseite der BILD-Zeitung ein Foto von Harald und Bernhard und die Schlagzeile „Abgestürzt!" Meine Befürchtung ist, dass die Sensationspresse vielleicht bald bei Mama vor der Tür steht, und ich warne sie mit einem Anruf. Werner, ein Kollege, verspricht, sich darum zu kümmern und eventuelle Belästigungen an der Haustür zu verhindern. Später stellt sich heraus, dass diese Sorge unbegründet ist, von Norden nach Süden nimmt in der deutschen Presse das Interesse an dieser Geschichte merklich ab.

Während des Fluges gerate ich irgendwann in Panik, weil ich mir vorstelle, in Edmonton anzukommen und zu erfahren, dass Bernhard tot sei. Ich komme von diesem Gedanken nicht los, und irgendwann ist mir klar, dass ich einen starken Drink zur Beruhigung brauche oder ein starkes Gebet. Zu meiner eigenen Überraschung entscheide ich mich für das Gebet. Und es wirkt. Bei der Landung in Calgary geht es mir wieder besser. Auf den Weiterflug nach Edmonton warten so wenige Passagiere, dass mir endlich auch Gerlinde, Haralds Lebensgefährtin, und Julia, eine seiner Töchter, begegnen. Die beiden sehen genauso unglücklich-gefaßt aus wie ich wahrscheinlich selbst. In Edmonton nehmen wir uns ein Taxi zur Klinik.

5. Kapitel:

Im Universitätskrankenhaus Edmonton

„Die Opfer wurden zunächst in das Regionalkrankenhaus von Fort Nelson gebracht, später aber in eine auf Behandlung von Verbrennungen spezialisierte Abteilung des Universitäts-Krankenhauses in Edmonton verlegt. Ihre Überlebenschancen sind offenbar gering. Die Opfer werden künstlich beatmet, ihre Verbrennungen mit in Medikamenten getränkter Spezialgaze behandelt."

DIE WELT Hamburg, 5. Juni 1997

Ankunft in Edmonton
Krankenschwester Joany Meeuwissen erinnert sich

Bernhard und Harald Fresenius kommen gegen zwei oder drei Uhr morgens am 3. Juni 1997 hier an, und zwar nacheinander, weil man sie in zwei Flugzeugen bringt. Zuerst werden sie kurz unten in der Notaufnahme behandelt und dann bringt man sie hier rauf in den vierten Stock. Während der Nacht stabilisieren wir ihren Zustand und kümmern uns um die Abdeckung der Wunden. Ich kann mich daran so gut erinnern, weil wir insgesamt drei schwere Fälle in dieser Nacht hereinbekommen haben und vor allem, weil ich und ein paar Kolleginnen uns am Morgen, nach dem Ende der Nachtschicht, unsere Köpfe kahl rasieren lassen, um damit Geld für ein Camp für Kinder mit Brandverletzungen zu sammeln. Ein heftiges Ende einer harten Nacht ohne Schlaf. Sonst, wenn es ruhig ist, können wir nachts auch mal schlafen während unserer Pause.

Take it easy
Irene über ihr Wiedersehen mit mir in Edmonton

Ein Taxi bringt uns drei zur Uniklinik. Schon die Eingangshalle ist ganz anders, als ich es aus Deutschland gewohnt bin: Hell, groß und mit viel geschäftigem Lärm von der Cafeteria. Wir lassen unser Gepäck am Informationsschalter und begeben uns in den vierten Stock zur „Burn Unit", wo man sich per Gegensprechanlage melden muss. Heraus kommt Dr. Edward Tredget, der Chef, ein großer, sympathischer Mann mit offenem Blick hinter seiner Brille. Wir ziehen uns mit ihm in einen Nebenraum zurück, wo er uns ungestört eine kurze Zusammenfassung über den Zustand von Harald und Bernhard gibt. Er sagt, der Zustand beider sei stabil, sie bekämen Morphium und würden beatmet, seien nur bedingt bei Bewußtsein. „Das Morphium reduziert ihre Schmerzen", erklärt der Arzt. Sie bekommen noch weitere Medikamente, um das Infektionsrisiko zu senken, das größte Problem bei Verbrennungen. Sonst gebe es nur noch das Risiko eines Nierenversagens, doch das sei bei beiden im Moment nicht zu befürchten. Damit sind wir für den Besuch bei Bernhard und Harald vorbereitet, nach dem langen Flug macht sich bei uns bereits etwas Ungeduld breit, sie endlich zu sehen. Dr. Tredget erklärt uns das mühsame Prozedere: Im Vorraum der Station die Hände waschen, dann im Vorraum der Patienten nochmal Hände waschen, Stoffkittel und Haube überziehen, schließlich den Mundschutz. Wir können zu jeder Tages- und Nachtzeit kommen, so der Chefarzt, nur bei Verbandswechseln würden wir wieder weggeschickt. Ich frage Dr. Tredget, ob Bernhard da nackt unter einem Sauerstoffzelt liegen würde, womit ich enorme Schwierigkeiten haben würde. Er lächelt und erklärt, dass sie hier ein anderes Verfahren anwenden: Die Patienten sind mit silbernitratgetränkten Bandagen verbunden.

Wir betreten die Schleuse zur Brandverletztenstation und sind alle ganz schön angespannt. Die Krankenschwestern begrüßen uns, Gerlinde und Julia gehen ein paar Türen weiter. Beide Patienten haben je eine Krankenschwester, die an einem großen Fenster vor dem Zimmer sitzt und von hier die Geräte im Auge behält. Alle ein bis zwei Minuten tragen beide die gemessenen Werte in ein Krankenblatt ein. Ich erfahre, dass Bernhard gerade noch etwas wach ist, die Schwester zeigt mir, wo in dem kleinen Vorraum zu Bernhards Zimmer die Kittel, die Kopfhauben und die Kiste mit dem Mundschutz liegen. Dann gehe ich mit Dr. Tredget hinein.

„Hallo Bernhard, wie geht's Dir?" fragt er. „Deine Schwester ist da." Ich sehe, dass Bernhard auf ihn reagiert und trete ans Bett. Bis jetzt habe ich nur eine große, von oben bis unten bandagierte Gestalt gesehen, die relativ unbeweglich im Bett liegt, weil die Gelenke geschient sind. Das Atemgerät pumpt kräftig und gleichmäßig. Um das Bett herum stehen drei Flaschen für die intravenöse Verabreichung aller möglichen Flüssigkeiten, links vom Bett steht das Atemgerät, darüber hängt der Monitor für Atemfrequenz, Herzrhythmus, Blutdruck und Körpertemperatur. Dutzende von Leitungen führen zu der Gestalt im Bett. Die Gestalt hat eigentlich nur den Mund nicht bandagiert und die Augen. Und diese Augen richten sich auf mich, und tatsächlich kann ich Bernhards lange Wimpern sehen!

Dieser Augenblick des Wiedersehens berührt mich sehr, denn so hilflos, wie mein lieber Bruder da liegt, wäre er mir doch fast in die Arme gesprungen. Er richtet sich halb auf und es sieht aus, als wolle er mich umarmen. Ich bereue, dass ich Dr. Tredget nicht gefragt habe, wo ich Bernhard berühren kann, ohne ihm weh zu tun. So verstreicht dieser Moment, und ich sage ihm „Take it easy." Schade, dass ich ihn nicht berühre, denke ich, er bekommt wohl genug Morphium, um das auch noch auszuhalten.

Ich freue mich jedenfalls, dass er mich registriert hat. Nach einer Weile lässt uns der Arzt allein, aber ich muss mich erst an die vielen Geräte gewöhnen. Bernhard schaut mich aus seinen geschwollenen Augen noch eine Weile an und döst dann weg. Irgendwann habe ich den Eindruck, dass mir Bernhard gar nicht mehr zuhört, und so gehe ich lieber. Die ganzen Intensivmedizin-Apparate verunsichern mich noch viel zu sehr. Später lerne ich, sie ein bisschen zu verstehen.

Jetzt stellt sich uns Candace Toews vor, die als eine Art Pressesprecherin für das Verhältnis zwischen Patienten, deren Familien und den Medien zuständig ist. Sie erzählt, dass Bernhard und Harald schon vor ihrem Unfall in den Medien gewesen sind und deshalb jetzt nach dem Unfall das Interesse um so größer sei. Es gebe auch Anfragen aus dem Ausland und sie sei mit der Bearbeitung beschäftigt. Alles habe keine Eile und sie wolle uns sagen, dass die Mediengesetze in Kanada sehr zugunsten Betroffener seien, so dass wir alle Anfragen oder Interviewwünsche ablehnen könnten. In diesem Falle gebe auch das Krankenhaus nur sehr eingeschränkt Informationen weiter. Sollten wir aber an die Öffentlichkeit gehen wollen, so werde sie auch dafür da sein, eventuell eine Pressekonferenz zu veranstalten und dabei dafür zu sorgen, dass uns niemand mies behandelt.

Ich bin richtig dankbar für diese Unterstützung und wir drei sind uns sofort einig – wir wollen keine Öffentlichkeit. Wir wollen einfach unsere Ruhe, um uns auf Harald und Bernhard konzentrieren zu können. Und ein weiterer Stein fällt mir vom Herzen: Dem Krankenhaus angegliedert ist die „Outpatient Residence", eine Art Hotel, in dem auch ambulante Patienten oder Angehörige wohnen können. Für 20 kanadische Dollar pro Nacht eine richtig gute Sache, ich habe schon befürchtet, 800 bis 900 Mark für ein entlegenes Hotel loszuwerden. Nicht einmal das Haus muß ich verlassen, wenn ich zu Bernhard will, wirklich praktisch.

Die Klinik besteht aus zwei langen, fünfstöckigen, parallel angeordneten Hauptgebäuden. Den Zwischenraum überspannt ein Glasdach, was für viel Licht sorgt. Darin gibt es drei Cafeterias, die von sechs bis 23 Uhr geöffnet haben. Daran gefällt mir besonders, dass hier alle zusammen am Tisch sitzen: Patienten, Ärzte, Pflegepersonal, Besucher, Medizinstudenten und das Verwaltungspersonal. Im Erdgeschoss betreiben ehrenamtliche Helfer noch einen Kiosk, der auch Telefonkarten verkauft. Hier in dieser Uniklinik habe ich richtig das Gefühl, dass die Planer über die Bedürnisse der Leute nachgedacht haben. Es gibt einen Geldautomaten, auf jedem Stockwerk mindestens sechs öffentliche Telefone, bequeme Aufenthaltsräume vor den Stationen mit Fernseher und gespendeten Zeitungen, eine Bücherei und natürlich eine Kapelle. Die Menschen hier sind offen und freundlich, und wenn sie erfahren, wer wir sind, noch um so mehr.

Bernhard ist ein Charmeur Pressebetreuerin Candace Toews über ihre Freundschaft mit mir

In den Tagen nach der Einlieferung von Bernhard und Harald habe ich Bereitschaftsdienst. Ich werde sofort in den Fall hineingezogen, weil soviele Journalisten aus Alberta, dem ganzen Land und später sogar aus dem Ausland anrufen, als sich die Nachricht verbreitet. Als die ersten Anrufe aus New York kommen, weiß ich, es ist Zeit, zu Dr. Tredget zu gehen und ihn zu fragen, was eigentlich mit den beiden passiert ist.

Bald gehe ich auch zum ersten Mal zu Bernhards Zimmer. Von draußen kann ich ihn durch das Fenster sehen, und er ist vollkommen in weiße Bandagen gehüllt, von den Zehen bis zum Kopf, sogar sein Gesicht. Man kann seine Augen sehen und den Schlauch, der in seine Nase führt. Er ist an eine Maschine angeschlossen, die ihm beim Atmen hilft, weil er zu dieser Zeit noch bewusstlos ist. Ich beobachte ihn und es tut mir so leid, dass etwas so Schlimmes jemand so jungem passieren kann. Er liegt da und die Atem-Maschine wirkt so gewalttätig. Ich fühle Mitleid, als ich sehe, wie sein Oberkörper durch die einströmende Luft heftig hochgedrückt wird und dann langsam wieder in sich zusammensinkt. Das wirkt alles so hart und so schnell, ich beobachte das zehn oder 15 Minuten lang und denke dabei daran, wie furchtbar das für ihn sein muss. In diesem Moment spüre ich den Wunsch, ihn kennenzulernen und herauszufinden, wer diese Person unter all den Bandagen ist.

Ich spreche mit Bernhard zum ersten Mal im August oder September, als einer der Journalisten mit ihm reden will und ich nicht sicher bin, ob er sich dazu fähig fühlt. Als ich in sein Zimmer komme, bin ich nervös und will ihn nicht ermüden oder schlechte Stimmung verursachen. Wir machen erstmal Smalltalk, aber es ist sehr locker und ausgelassen. Es ist sogar lustig, er ist geistreich und charmant. Es ist ein richtiger Genuss, ihn zu besuchen und mit ihm zu sprechen. Ich kann aber nicht lange bleiben und sage: „Vielleicht sehen wir uns nochmal, vielleicht später heute Nachmittag oder morgen früh." Daraufhin sagt er: „Ich hoffe auf Ersteres" - er ist ein echter Charmeur. Es ist seltsam, aber wir entwickeln eine sehr enge Freundschaft in einer sehr kurzen Zeit. Ich erzähle ihm Dinge, die ich normalerweise niemandem erzählen würde, und vielleicht geht es ihm genauso.

Das Leben ist kostbar
Chefarzt Dr. Edward Tredget über meinen Fall und den Umgang mit Brandverletzten in Kanada und Europa

Als Bernhard und Harald hier eingeliefert werden, sind die Überlebensaussichten für beide sehr gering. Bei Harald liegen die Chancen vielleicht bei weniger als fünf Prozent, Bernhards Chancen liegen nach unserer Einschätzung eher bei neun, zehn oder vielleicht zwölf Prozent. Bernhard hat bessere Überlebenschancen, weil er jünger ist und seine Verbrennungen nicht ganz so tief und ausgedehnt sind. Die Ärzte, die in jener Nacht Notdienst haben, schreiben Harald gleich nach der Einlieferung ab. Sie geben ihm Schmerzmittel und entscheiden, zunächst alle Kräfte und Ressourcen auf Bernhards Überleben zu konzentrieren. Er hat Verbrennungen von 80 bis 85 Prozent seiner Haut, mindestens 60 bis 70 Prozent davon sind Verbrennungen dritten Grades, dort ist die Haut in ihrer ganzen Dicke verbrannt. Bernhard hat sicher mehr Verbrennungen erlitten als irgendjemand anderes in Kanada in den letzten Jahren.

Harald hatte selbst schon auf einer Brandverletzten-Station gearbeitet und kennt die Problematik solcher Verletzungen. Aber das Leben ist kostbar, und er und Bernhard hatten einen Durst nach der weiten Welt, die sie zu umrunden versuchten. Wir haben etwa vier Wochen lang versucht, Harald zu helfen, aber dann ist er an mehrfachem Organversagen gestorben. Wir haben am Anfang erst Fresenius operiert und Bernhards Operation verschoben, weil das Risiko bei Harald noch größer war. An zwei Tagen nacheinander entfernen wir in zehn- bis zwölfstündigen Operationen totes Gewebe bei beiden, das eine große Infektionsgefahr darstellt.

Wir wissen, dass große Operationen wie diese sehr anstrengend sind und oft auch zum Tod des Patienten führen, aber wenn die Ärzte hart arbeiten, kann man die Brandverletzten am Leben erhalten. Die zweite Frage ist dann die Qualität des Überlebens. Wenn man einerseits die Qualität des Überlebens verbessern will und gibt dann auf der anderen Seite auf und läßt die Patienten sterben, dann erreichen wir nie ein Stadium, wo das allgemeine Verständnis und die Toleranz in der Bevölkerung verbessert werden kann. Auch neue Methoden lassen sich so nicht entwickeln, die Leuten zu überleben helfen, die sonst sterben würden. Wir wollen versuchen, den Leuten zu helfen, wenn es eine ernsthafte Chance gibt, dass sie sich erholen. Wenn Sie es sich zur Gewohnheit machen, Leute mit einer zehnprozentigen Überlebenschance sterben zu lassen, dann sterben viele Leute, und wir Mediziner können uns nicht verbessern, wenn wir es nicht versuchen.

Etwa zwei Monate lang ist Bernhard noch in Gefahr gewesen. Er hatte Bakterien in seinem Blut, und wenn die auftauchen, liegt die Chance zu Überleben bei 50 Prozent. Erst Ende August 1997, drei Monate nach dem Absturz, war uns bewusst, dass er irgendwann halbwegs wiederhergestellt sein würde, es war nur noch eine Frage von etlichen Hauttransplantationen.

Europäische Ärzte versuchen nicht immer, Patienten mit so großflächigen Verletzungen wie bei Harald und Bernhard zu retten. Das liegt zum Teil an den unterschiedlichen Standards in Europa und hier in Kanada, zum Teil auch an der jeweiligen Verfügbarkeit der zum Überleben notwendigen Ressourcen. Also haben sie möglicherweise Schwierigkeiten, Patienten mit schweren Brandverletzungen am Leben zu erhalten.

Die Behandlung von Brandverletzungen ist sehr teuer, und vielleicht wird in Europa manchmal die Entscheidung gefällt, dass ab einer gewissen verbrannten Hautfläche einfach das Geld fehlt, um einer Person zu helfen. In Alberta sind wir relativ wohlhabend und nutzen das und versuchen, alle möglichen Mittel anzuwenden. Wir führen sogar Operationen am offenen Herzen bei 80- oder 90jährigen aus – das Leben ist uns eben wichtig.

In Alberta gibt es große Öl- und Gasvorkommen, und in der Öl- und Gasindustrie gibt es immer wieder Explosionen, bei denen junge Arbeiter und Ernährer von Familien schwer verletzt werden. Deshalb hat die Gesellschaft hier einiges an Geld für Ausbildung, Pflege und Forschung in der Behandlung von Brandverletzten aufgebracht. Ich habe zum Beispiel neben meiner grundlegenden Ausbildung zum plastischen Chirurgen noch drei weitere Jahre studiert, um mit diesem Bereich vertraut zu werden.

Sogar innerhalb Kanadas wären Bernhards Überlebenschancen in vielen anderen Städten nicht besonders gut gewesen. Zum Teil deswegen, weil wir die einzige Brandverletztenstation mit eigener Hautbank sind. Dort haben wir Hautgewebe von Leuten gelagert, die verstorben sind und ihre Organe gespendet haben. Das ist alles im selben Haus, neben gefrorener Haut kriegen wir ab und zu auch frische Hautspenden. Das kann eine große Hilfe sein, wenn man Haut ersetzen muß und die Wunden bei Leuten schließen will, die nicht mehr genug gesunde Haut für die Eigenspende haben.

Vorgehen bei der Behandlung

Die meisten Verbrannten entwickeln Entzündungen an den Wunden, die zu einem Flüssigkeitsverlust führen. Wenn man die verlorene Flüssigkeit nicht ersetzt, kommt es zum Schock. Die ersten zwei Tage werden mit der Behandlung der Brandschock-Phase verbracht, in der der Patient große Mengen Flüssigkeit zurückerhält, von der ein Großteil durch die Wunden wieder abgesondert wird. Die Absicht ist, den Blutdruck und den Kreislauf stabil zu halten, um so Probleme mit der Funktion der Nieren und anderer Organe zu vermeiden. 48 Stunden nach der Verbrennung sind Blutdruck und Puls des Patienten hoffentlich stabil, dann muß man sich um die Wunden kümmern.

Nun stehen lange Stunden im Operationssaal bevor, wo das tote Gewebe entfernt wird und man versucht, mit allem, was zur Verfügung steht, eine neue Oberfläche zu schaffen. Totes Gewebe ist Nahrung für Bakterien. Wenn möglich, ersetzt man die verbrannte Haut mit der Haut des Patienten. Aber bei einer 85prozentigen Verbrennung wie bei Bernhard sind nur noch 15 Prozent übrig, und davon ist das meiste nicht zugänglich. Bei Bernhard setzen wir auf eine kommerziell angebotene Form künstlicher Haut und benutzen auch Haut aus der Hautbank.

Die künstliche Haut ist sehr teuer. Ein 10x20 Zentimeter großes Stück kostet 1000 Dollar. Die Haut aus der Bank dagegen ist nur eine zeitweilige Abdeckung für die Wunden des Patienten, weil die Zellen nicht seine eigenen sind und sein Immunsystem das erkennt, wenn es sich erholt. Aber diese Spenderhaut verschafft einem Zeit, schließt die Wunde und verhindert das Eindringen von Fremdkörpern oder Bakterien. Manchmal verpflanzt man auch Haut des Patienten, die zwar etwas verbrannt ist, aber nicht so tiefgründig. Vor allem die Kopfhaut kann man immer wieder transplantieren, weil sie dicker ist. Bei einem Mädchen haben wir das 13mal gemacht und ihr rotes Haar wächst immer noch nach.

Einige der Operationen sind sehr schwierig und dauern zwischen acht und zwölf Stunden, und sie werden oft bei Raumtemperaturen von 30 Grad Celsius durchgeführt. In vielen Fällen müssen wir dem Patienten dabei bis zu 15 Einheiten Spenderblut zuführen, weil es dabei häufig zu Blutungen kommt. Diese Operationen sind auch für uns sehr lang, hart und psychologisch sehr belastend.

Aber die Überlebenschancen für Verbrennungsopfer haben sich heute sehr verbessert. 1945, nach dem Abwurf der Hiroshima-Bombe, hatten Opfer mit einem Drittel verbrannter Haut eine Überlebenschance von 50 Prozent. Heute, gut fünfzig Jahre später, liegt die Chance, mit so einer Verbrennung zu überleben, bei etwa 70 Prozent. Vor zehn Jahren wäre auch Bernhard bei uns sicher an seinen Verletzungen gestorben, weil es damals weder eine Hautbank noch künstliche Haut gab. Wir hatten damals auch resistente Bakterien auf unserer Brandstation, und wir verstanden damals nicht, dass wir bei der Isolation unserer Patienten vorsichtiger sein müssen. Bernhard wäre also allen diesen Risikofaktoren ausgesetzt gewesen.

Patienten mit Verletzungen wie Bernhard entwickeln eine Art körpereigenes Opium, eine morphiumähnliche Zusammensetzung, die vom Gehirn produziert wird, um einen Teil der Schmerzen unter Kontrolle zu halten. Zusätzlich werden ihnen noch Mittel gegen die Schmerzen verabreicht, intravenöses Morphium ist eine gute Droge. Es stillt die Schmerzen und beruhigt etwas, außerdem erzeugt es ein wenig Euphorie, ist aber auch leicht absetzbar. Brandpatienten wie Bernhard bekommen es regelmäßig verabreicht und nur sehr wenige werden süchtig danach. Das Abhängigkeitsrisiko entsteht dann, wenn es den Patienten besser geht und wir das nicht merken und ihnen weiter Morphium geben, obwohl sie es gar nicht mehr brauchen.

Es dauert eine ziemlich lange Zeit, bis ein Brandpatient versteht, was ihm passiert ist. Es gibt viele Aspekte der körperlichen Reaktion auf die Verletzung, die die mentalen Funktionen verändern. Das geht so weit, dass der Patient zu vielen Zeiten nur halb bei Bewußtsein ist. Patienten mit großen Verletzungen können sich oft an die ersten zwei oder drei Monate nach ihrem Unfall gar nicht erinnern. Wenn es ihnen physisch besser geht, erlangen sie wieder die Orientierung über sich selbst und werden sich der Vorgänge bewußt. Während es ihnen auf der einen Seite dann körperlich besser geht, gehen sie auf der anderen Seite durch eine psychologisch depressive Phase, die der schweren Verletzung folgt. Das hat auch Bernhard erlebt.

Bernhard liebt das Leben und interessiert sich für Leute, er ist ein bemerkenswerter Kerl. Er fällt mir auf als jemand der, sich freut, am Leben zu sein, der es liebt, sich auszutauschen und mit Leuten zu reden, der extrovertiert ist. Aber er hat auch eine Zeit auf der Brandverletzten-Station hinter sich, wo er unglücklich war. Aber das war kein großes Problem für uns.

Bernhards größte Herausforderungen werden psychologischer Art sein, er wird lernen müssen, mit der harschen Behandlung durch andere Menschen zu leben, die auf seine physische Erscheinung reagieren. Ich vermute, dass Bernhard einer der ganz wenigen Fälle von schwer Brandverletzten in Deutschland ist, die ihre Verletzungen überlebt haben. Das Verständnis für solche Leute und die Toleranz ihnen gegenüber ist also vermutlich sehr gering. In kleineren Gemeinden in Kanada, gerade in ländlichen Gegenden, gibt es dagegen sehr viel mehr Entgegenkommen.

Zeit der Träume Meine Erinnerungen an die Monate in Edmonton

Wenn man Morphium bekommt, träumt man so einige Geschichten. Ein Traum spielt in einem Krankenhaus, wo ich mit Menschen aus aller Herren Länder untergebracht bin. In einem kleinen Raum kochen Chinesen auf einem Kocher ihr Essen und sitzen alle drumherum. Die sind sehr freundlich und geben mir auch von ihrem Essen, das ich ja auch in der Wirklichkeit sehr schätze. Besucher von mir sorgen in dem Traum dafür, dass ich in ein anderes Zimmer verlegt werde. Ein anderer Traum hat meine Verbandswechsel zum Thema, ich träume, dass neben den Schwestern auch ein Krimineller, der zu gemeinnütziger Arbeit verurteilt ist, dabei hilft. Doch eigentlich ist er nur hinter meinen Kunstschätzen her – weiß der Geier, wie ich darauf komme. Als ich im Traum schon halb geheilt bin, traktiert er meinen Rücken mit Messern, um an die Schätze zu kommen. Auch im Traum kann ich mich nicht bewegen, was ja zu dieser Zeit der Realität entspricht. Komischerweise weiß ich immer, dass alle meine Träume in Edmonton im Krankenhaus enden werden. In einem

Traum fliege ich nach Bora-Bora, um Nicole, meine ehemalige Freundin, zu heiraten. Als ich aufwache, frage ich die Schwester, wo denn meine Frau sei. Sie versucht mir mühsam und mit einer Engelsgeduld zu erklären, dass ich weder in Bora-Bora gewesen bin noch geheiratet hätte. Durch alle meine Träume zieht sich, dass ich immer in meinem Bett, in der Bettwäsche gefangen bin und nur ganz kurze Momente aus dem Bett entweichen kann. Wenn man im Traum den Zeitpunkt am Morgen verpasst, wo das Ganze lockerer war, muss man den ganzen Tag im Bett bleiben, das ist für mich schrecklich.

Während der ganzen Zeit ist die Morphium-Dosis so hoch, dass ich von meinen Schmerzen wenig mitbekomme. Und das, was ich mitbekomme, ist schon höllisch. Ich weiß aus Erzählungen, dass ich solche Schmerzen habe, dass ich mich lautstark auf der Station mit Schreien bemerkbar mache. Auch an den ersten Besuch meiner Schwester kurz nach dem Unfall kann ich mich überhaupt nicht erinnern, obwohl wir ja miteinander wohl gesprochen haben. Aus wacheren Momenten entsinne ich mich an eine Krankenschwester, die mich besonders liebevoll bandagiert, sie ist vorsichtig und behutsam. Immer wieder bekomme ich zwischendurch eine kleinere Dosis Morphium, so dass die Prozedur manchmal bis zu acht Stunden dauert. Manchmal verbindet sie mich statt der langweiligen weißen mit bunten Stoffen, aber vielleicht habe ich das auch nur geträumt. Eine andere Schwester chinesischer Abstammung erzählt mir während der langwierigen Prozedur von der chinesischen Küche – das muss ich im Unterbewusstsein wahrgenommen und in meinen Traum eingebaut haben.

Erinnern kann ich mich an den Besuch meiner Mutter etwa sechs Wochen nach dem Unfall. Sie bleibt zwei Wochen in Edmonton. Obwohl ich meistens im Halbschlaf daliege, erinnere ich mich an einige Bruchstücke ziemlich genau. Sie spricht zum Beispiel nicht so gut Englisch, dafür aber sehr gut Französisch, so dass sie mit einer der Schwestern Französisch redet. Ich freue mich, als meine Mutter an meinem Bett sitzt, ich habe ein sehr gutes, liebevolles Verhältnis zu ihr, und ihre Anwesenheit ist sehr beruhigend für mich. Sie sitzt oft einfach da und liest oder unternimmt Spaziergänge im Krankenhaus und erzählt mir davon. Später erfahre ich, dass sie sich nach Gesprächen mit Ärzten und Schwestern mehr Sorgen macht, als ich damals ermessen kann. Endlich antwortet sie auch auf meine Frage, wie es Harald geht. Sie eröffnet mir, dass Harald zwei Wochen zuvor, am 3. Juli 1997, gestorben sei, er hatte es nicht geschafft. In dem Moment bin ich gar nicht so sehr geschockt, dass er gestorben war, für mich ist das eine logische Folge des Unfalls. Später bin ich immer sehr traurig, wenn ich in alten Artikeln nachlese oder zu seinem Grab in Norderstedt gehe. Ich muß dann immer weinen. Ich bin traurig, dass er nicht mehr da ist, um mit mir die Erinnerungen zu teilen. Aber damals gehört sein Tod für mich in den Bereich des Möglichen und ist nicht besonders verwunderlich.

Wegen der hohen Morphium-Dosis träume ich, dass Harald zwar gestorben ist, aber nicht an seinen Verbrennungen – die habe ich damals nicht so realisiert –, sondern am Versagen eines inneren Organs, was dann auch tatsächlich passiert ist. Ich habe ihn als experimentierfreudigen Arzt in Erinnerung, der in meinem Traum sieben Tiere hat, wahrscheinlich Schafe. Dieses Organ, das nun versagt, hatte er sich von einem Schaf eingepflanzt, deswegen hat er den Unfall überlebt. Obwohl alle anderen denken, er sei tot, lebt er in einem Haus mit einer hohen weißen Mauer und einem weißen Tor, dass sich für mich öffnet, und dann steht er vor mir. Dieser Traum wiederholt sich sechsmal, bis ich wirklich begreife, dass er nun endgültig gestorben ist. Nach und nach erfahre ich von den Schwestern, wie sich Haralds letzte Tage abgespielt haben. Es ist sehr rührend gewesen: Als es zu Ende ging mit ihm, versammelten sich ein paar

Schwestern in seinem Zimmer und sangen einen Choral für ihn. Er liebte Musik.

Die erste Erinnerung ans Krankenhaus, die ich mit einem Datum verbinden kann, ist jener Tag, als die Schwester mit den bunten Stoffen hereinkommt und mir erzählt, dass Prinzessin Diana tot sei. Das ist am 31. August 1997, fast zwei Monate nach meiner Ankunft auf der Brandverletztenstation in Edmonton. Zunehmend bewusst kriege ich die Verbandswechsel mit und merke, dass meine linke Seite sehr viel schmerzhafter ist als die rechte Seite. Auch an meinem Hinterkopf habe ich eine Riesenwunde, die mit so einem Dutt verbunden ist, wie ihn manche Frauen tragen. Darauf kann ich gar nicht gut liegen und denke in meinen Tagträumen immer, ich müsste darin das Gehirn meiner Schwester mit herumtragen.

Irgendwann frage ich meine Mutter, was denn nun werden würde. Und sie sagt: „Du fliegst wieder, was sonst?" Ich glaube, dass das der entscheidende Satz ist, der für mich zwischen einem mutigen und einem ängstlichen Angehen meines Problems entschieden hat. Dieser Satz hat mir soviel Mut gemacht, dass ich heute psychisch ziemlich gestärkt aus der ganzen Sache hervorgegangen bin. So hat meine Mutter mir im übertragenen Sinn zum zweiten Mal das Leben geschenkt. Ich mache mir aber trotzdem Sorgen, ob das alles wirklich wieder werden wird, denn alles, was ich sehe, nehme ich nur sehr verschwommen und mit einem Grauschleier wahr. Ich habe das Gefühl, dass meine Augen durch das Feuer beschädigt worden sind. Später kommt heraus, dass der Grund wohl zum Teil die hohe Morphium-Dosis ist.

Was mich in dieser Zeit auch sehr stört, ist mein „Freizeitprogramm." Ich habe einen kleinen Fernseher vor meinem Bett hängen, bei dem ich aber nicht in der Lage bin, das Programm zu ändern. Das ist mechanisch nicht einfach, weil ich mit meiner Hand nicht gut zurechtkomme, aber auch logisch ist das so kompliziert, dass ich es mit meinem eingeschränkten Sehvermögen nicht hinkriege. Ich bin deshalb ziemlich frustriert, weil ich stundenlang irgendwas Ödes anschauen muss. Es ist ziemlich langweilig für mich – lesen kann ich nicht und ein gutes Fernsehprogramm finde ich auch nicht. Ich liege also meistens da und überlege, was nun werden soll. Ich mache mir Gedanken über die Zukunft, ich weiß nicht recht, was passieren wird. Die Situation mit den Versicherungen ist ja auch noch völlig ungeklärt. Irgendwie habe ich aber ein gutes Gefühl und denke, das wird schon wieder, so schlimm siehst Du sicher auch gar nicht aus. Aber im Unterbewußtsein nagt es wohl doch an mir, denn ich bekomme ganz fürchterliche Magenprobleme, was aber auch an einer Magensonde liegen kann, mit der ich künstlich ernährt werde. Ich bekomme ständig Blähungen, die ich nicht loswerde, weil ich mich ja nicht bewegen kann. Ich schlafe viel, bin deswegen aber auch häufig nachts wach und nerve die Schwestern mit meinen Fragen nach Schmerzmitteln – in Kanada sind sie aber sehr geduldig. Immer fällt mein trüber Blick auf die Uhr, die an der Wand hängt – dieses Nichtstun ist schrecklich für mich.

Bei den Verbandswechseln bin ich immer ziemlich aufgeregt, weil ich weiß, dass ich dabei arge Schmerzen haben werde. Eine Schwester hat die gute Idee, eine Kassette mit Geräuschen aus der kanadischen Wildnis in den Recorder zu legen, und dieses Beruhigungsmittel verfehlt sein Ziel tatsächlich nicht. Trotzdem soll ich oft fürchterlich laut geschrien haben, was man angeblich auf der ganzen Station hören kann. Die Langeweile, die Schmerzen, die fehlende Abwechslung, aber auch die Besuche von meiner Mutter und meiner Schwester wecken langsam das Verlangen in mir, nach Hause verlegt zu werden.

Es gibt drei Möglichkeiten: Freiburg, wo meine Mutter und Irene leben, außerdem die großen Brandverletzten-Zentren in Hannover und Hamburg. Doch bald stellt sich heraus, dass Freiburg schwere Fälle wie mich gar nicht versorgen kann. Wie es der Zufall will, fährt Dr. Tredget in dieser Zeit zu einem Kongreß nach Freiburg, und trifft dort einen Kollegen aus dem Berufsgenossenschaftlichen Unfallkrankenhaus Boberg in Hamburg. Die beiden Ärzte unterhalten sich, und mein Fall ist für Boberg interessant, deswegen fällt die Entscheidung, mich nach Hamburg zu verlegen. Das erweist sich als großer Vorteil, denn hier leben alle meine Freunde und ich freue mich darauf.

Irene kommt zum zweiten Mal und wohnt diesmal bei Verwandten einer Freundin in Edmonton. Wir besprechen, wer mich als Rechtsanwalt vertreten soll. Ich will damit meinen Freund Knud Paulsen betrauen. Vor allem bei den Versicherungen kommen wir alle nicht weiter. Die Lage ist deswegen so schwierig, weil meine gesamten Versicherungsunterlagen beim Absturz verbrannt sind. Ich freue mich sehr, als Nicole, eine frühere Freundin von mir, für die ich immer noch ein großes Faible habe, mich besuchen kommt. Es ist schön, denn sie verbringt fast den ganzen Tag bei mir im Krankenhaus und sitzt einfach da und schreibt Tagebuch. Nicole war Arzthelferin bei Harald und kennt sich medizinisch ganz gut aus, weiß also einzuschätzen, wie es um mich steht. Sie versorgt mich rührend, wenn ich Hunger habe, besorgt mir in Kanada sogar ein Glas Nutella. Doch viel Hunger habe ich nicht, weil ich am Tag 10.000 Kalorien künstliche Nahrung zugeführt bekomme. Doch am Anfang kann ich bestimmte Sachen, die ich früher sehr gemocht habe, nicht mehr zu mir nehmen. Zum Beispiel schmeckt mir Cola oder Diät-Cola nicht mehr, auch mit Nutella kann ich vorerst nichts mehr anfangen.

Mein 35. Geburtstag am 1. Oktober 1997 rückt näher, und ich bekomme mit, dass man im Krankenhaus eine Geburtstagsfeier für mich plant. Schon am Morgen wünschen mir alle Schwestern

„Happy Birthday", doch das ist erst der Anfang. Zu der Zeit sind gerade die Rolling Stones auf ihrer Welt-Tournee in Edmonton zu Gast und eine Krankenschwester der Station versucht zu erreichen, dass Mick Jagger mich besuchen kommt zum Gratulieren. Eine nette Idee, die leider nicht klappt, weil Mick angeblich zur selben Zeit einen Interviewtermin hat. Dafür findet sich aber zumindest aus kanadischer Sicht hochkarätiger Ersatz in Leroy Blugh, einem landesweit verehrten Football-Star aus Edmonton. Blugh ist Ehrenpräsident der Brandverletzten-Vereinigung von Alberta und kommt mich tatsächlich besuchen. Wir flachsen, haben viel Spaß zusammen und dann sagt er: „Wir sehen uns ja gleich noch." Da kommen auch schon die Schwestern und sagen: „Bernhard, es geht in den Rollstuhl." Sie setzen mich also in den Rollstuhl und fahren mich in den Aufenthaltsraum, der vielleicht vier mal fünf Meter groß ist. Da warten Massen von Menschen, ich bin richtig gerührt und habe Tränen in den Augen: Alle sind da, die Schwestern, die Ärzte und anderes Personal, nur Dr. Tredget kann noch nicht kommen, weil er beschäftigt ist. Jetzt ist mir klar, warum mich vorher die Schwestern nach meinen Lieblingsspeisen ausgefragt hatten: Der Tisch ist gedeckt mit Chips, Hamburgern, Pizza und Kuchen, dazu Cola und Limonade. Alle sind froh und dankbar, dass ich diese Tortur bisher überlebt habe und singen mir ein Geburtstagslied. Ich freue mich sehr, kann aber nicht lange im Rollstuhl aushalten – mit großer Anstrengung schaffe ich es 40 Minuten lang. Ich werde zurück ins Bett gebracht. Das Schöne aber ist, dass die anderen weiterfeiern. Sie feiern ein bisschen sich selbst, dass sie erfolgreich an einem Strang gezogen haben, damit Bernhard Heitz überlebt. Dr. Tredget kommt erst später in mein Zimmer. Ich sage: „Sie haben mir das Leben gerettet." Er ist ein ganz bescheidener Mann und antwortet: „Ohne mein Team hätte das nicht geklappt." Für eine medizinische Koryphäe auf diesem Gebiet ist das ein feiner Zug, und es ist mit Sicherheit nicht gespielt, sondern ernst gemeint.

Bald darauf kommt der zweite Rollstuhl-Ausflug, Schwester Jill und eine Kollegin fahren mich im imposanten Gebäude des Krankenhauses spazieren, das nach deutschen Maßstäben wie ein Einkaufszentrum aussieht. Und dann schieben sie mich nach draußen. Zum ersten Mal nach vier Monaten atme ich frische Luft, ein wunderschönes Gefühl. Ich sehe, wie die herbstlich bunten Blätter sich bewegen, wie Vögel auf dem Gras landen und Menschen vorbeilaufen. Die Schwestern zeigen mir auch den Vorplatz, wo ein Indianer-Tipi steht. Früher habe ich das für eine Platitüde gehalten, aber man bekommt durch so einen Unfall tatsächlich ein anderes Verhältnis zu den Dingen und zur Natur. Das Krankenhaus ist ein typisches Hochhaus, um das herum durch den unterschiedlichen Luftdruck auf verschiedenen Seiten Winde entstehen. Ich sitze in so einem Windzug und träume: Irgendwann kannst Du wieder laufen. Da sagt Jill: „Da drüben ist ein Shop, wo es Bagels mit Cream Cheese gibt" - die esse ich für mein Leben gern. „Dahin lade ich Dich ein, wenn Du wieder laufen kannst", verspricht mir Jill. Ich nehme mir fest vor, diese Einladung anzunehmen. Dann fährt sie mich zurück, diesmal habe ich es fast anderthalb Stunden im Rollstuhl ausgehalten. Es ist ein Unterschied, ob man da einfach nur drin sitzt, oder ob man abgelenkt ist.

Der Tag der Abreise nach Deutschland rückt nun immer näher. Ich frage immer wieder danach, doch es scheint Probleme zu geben. Zum Beispiel beschweren sich die Kanadier, dass es die Deutschen nicht fertigbringen, einen ihrer Staatsbürger in die Heimat zurückzuverfrachten, sondern mit seiner Behandlung dem kanadischen Staat auf der Tasche liegen. Später allerdings zahlt der badische Landeswohlfahrtsverband meine Klinikkosten in Edmonton, die etwa eine halbe Million Mark betragen. Etwa zwei Wochen vor meiner Rückreise kommt mich Candace aus dem PR-Office des Krankenhauses besuchen. Sie fragt, ob ich mit einem Journalisten des Springer-Verlages ein Telefoninterview machen würde. Michael Braun, der damalige

New Yorker Korrespondent des Springer-Auslandsdienstes, hat über eine längere Zeit fast täglich bei ihr angerufen und sich nach meinem Zustand erkundigt. Sie empfindet es als positiv, dass er sie im Gegensatz zu anderen nie bedrängt hat und hat einen guten Eindruck von ihm, deswegen stimme ich dem Interviewwunsch zu. Ich unterhalte mich am Telefon fast eine Stunde mit ihm.

Irgendwie habe ich ein tolles Gefühl, wenn Candace kommt, sie ist eine hübsche Frau. Sie kommt auch manchmal einfach so, um zu gucken, wie es mir geht. Einmal fragt sie, welche Früchte ich gerne esse. Ich sage „Pfirsich, Erdbeeren, Kiwis, nur keine Ananas." Ein paar Tage später kommt sie mit einem handgroßen Gebäckstück mit Pfirsichen, Erdbeeren und Kiwis und füttert mich damit – ich kann nicht einmal die Hälfte davon essen. Ich merke, dass sie etwas bedrückt ist, und sie sagt, sie hätte Probleme in ihrem Privatleben. Ich sage: „Das muss ja ein Idiot sein, der das nicht sieht, was für ein tolles Mädchen Du bist." Wir freunden uns ganz nett an, und ihr größter Wunsch ist es, noch ein paar Fotos zu haben, wo sie mit mir gemeinsam drauf ist. Daraufhin kommt am letzten Abend vor meiner nun endgültig feststehenden Abreise am 19. Oktober 1997 der Krankenhausfotograf, der auch schon schreckliche Paßbilder von mir gemacht hatte, und verschießt einen ganzen Film von uns beiden. Dann muß Candace zu einer Feier, sagt aber, sie käme wieder, um sich zu verabschieden. Tatsächlich ist sie gegen 23 Uhr wieder da und sitzt die ganze Nacht an meinem Bett. Ich bin vor der Abreise tüchtig aufgeregt und habe Blähungen ohne Ende, ein typisches Symptom bei mir. Candace hält meine Hand, was ich sehr schön finde. Manchmal zieht sie die Hand weg, aber ich ergreife sie wieder, weil ich das gar nicht will. Im Krankenhaus wird schon gelästert, nachdem sie eine ganze Nacht an meinem Bett verbringt und die Leute spötteln: „Wann heiratet ihr denn?" Obwohl sie mir nur die Hand gehalten hatte, ist da schon eine feste Beziehung entstanden, ein Gefühl der Wärme und Nähe, das es sonst im Krankenhaus nur selten gibt. Da kommt richtig was rüber.

Kurz vor der Abreise wird es hektisch, alle möglichen Leute wollen mich noch besuchen, deswegen ist ein richtiger Abschied von Candace gar nicht möglich. Ich will noch jemanden von der Luftrettungsstaffel STAR treffen, die uns damals von Fort Nelson nach Edmonton geflogen hat. Am Tag vor meinem Abflug kommt tatsächlich ein Mitarbeiter und schenkt mir noch eine STAR-Kappe. Auch die deutsche Besatzung des Lear Jets vom Malteser Hilfsdienst, die mich nach Hause fliegen soll, kommt vorher vorbei, um alles mit mir zu besprechen. Sogar am Reisetag geht das so weiter, doch das kriege ich alles gar nicht so richtig mit, weil ich noch einen letzten Verbandswechsel bekomme und auch noch eine hohe Dosis Morphium.

Am Sonntag, dem 19. Oktober 1997, dem Tag meiner Rückreise, erscheint im Edmonton Journal ein Artikel über mich, der so prominent platziert ist wie kein anderer zuvor: Ich teile mir mehr als die Hälfte der Titelseite mit dem kanadischen Premierminister Jean Chretien auf Moskaubesuch, der Politiker muß mit weniger Platz auf dem Titel vorlieb nehmen als die Story über mich mit dem Titel „Journey's End" einnimmt. Dort heißt es:

„Viereinhalb Monate, nachdem sein Flugzeug im Norden British Columbias abstürzte, freut sich der deutsche Flieger Bernhard Heitz, dass er lebt und nach Hause kommt.
Das Leben, sagt der 35jährige deutsche Flieger Bernhard Heitz, ist wundervoll. Für einen Mann, der die letzten viereinhalb Monate seines Lebens vom Kopf bis zu den Zehen eingewickelt in medizinische Verbände auf der Brandverletztenstation des Universitätskrankenhauses von Alberta verbracht hat, könnte das eine seltsame Aussage sein. Doch Bernhard Heitz hat durch sein Schicksal innere Kraft gewonnen. (...)

'Alle Leute, die hier arbeiten, von der Putzfrau bis zu den Ärzten, sind einfach ein großartiges Team', sagt er in einer tiefen, rauchigen Stimme, aber in klarem und fast akzentfreiem Englisch. 'Ich habe nie gedacht, wieviel Wert ein Lächeln am Morgen haben kann, wenn man krank ist. Hier kommt das ganz von selber.' Wenn er spricht, ist es unmöglich, nicht an den Film 'Der Englische Patient' zu denken. (...)
Wie der Englische Patient hat Bernhard Heitz viele Geschichten zu erzählen, von seinem guten Freund Harald, ihrer Reise und den vielen Leuten, die sie getroffen haben. (...)
'Es begann mit dem Gedanken „Laß' uns nach Neuseeland fliegen und viel Spaß beim Fliegen haben"', sagt Heitz. 'Aber es zeigte sich, dass die Reise sich vor allem um die Erfahrungen drehte, die wir mit Leuten machten. Es passierten uns einige unglaubliche Dinge, das Fliegen rückte eher in den Hintergrund.' (...)
Es ist erstaunlich, dass ein menschliches Wesen so ein Trauma überstehen kann, sagt er. 'Die Schmerzen sind unglaublich und es läßt einen darüber nachdenken, dass da eine Kraft sein muß, die einem hilft, da durchzukommen.' (...)
Immer noch sagt er: 'Das Leben ist wundervoll, warum soll man leiden? Für mich ist entscheidend: Ich bin offenbar eine Kämpfernatur. Und ich habe viel über mich gelernt.'

6. Kapitel:

Im Hamburger Krankenhaus Boberg

„Ein eisiger Wind fegt über das Rollfeld vor dem Geschäftsfliegerzentrum. Es ist 5.45 Uhr in der Früh, der Herbsthimmel ist grautrüb verhangen. Es gibt an diesem Morgen freundlichere Orte. Nicht für Irene Heitz (39). Die Schwester des Unglücks-Piloten Bernhard Heitz läuft auf dem Asphalt hin und her, knetet aufgeregt die Lederriemen ihres Rucksacks. Gleich, in wenigen Minuten, ist der Moment da, auf den Irene Heitz seit Wochen hingearbeitet hat. Ihr schwerverletzter Bruder wird mit einem Spezial-Transport des Malteser Hilfsdienstes eingeflogen."

Hamburger Abendblatt, 21. Oktober 1997

Schwierige Heimkehr
Wie Irene für meine Rückkehr kämpft

Mein Fax an das Hamburger Abendblatt fasst das Dilemma zusammen, in dem wir stecken: Einen Klinikplatz in Hamburg soll es für Bernhard nur geben, wenn eine Versicherung eine Kostenübernahmeerklärung abgibt, aber alle Seiten mauern. Ich gebe auch meinem Ärger darüber Ausdruck, wie inkompetent das deutsche Generalkonsulat in Vancouver mit der Sache umgeht, wo drei verschiedene Sachbearbeiter beteiligt sind, einer davon komplett unerfahren. Nach einem ausführlichen Telefonat mit einer Redakteurin erscheint ein halbseitiger Artikel im Hamburger Abendblatt auf der ersten Lokalseite. Damit mache ich automatisch den ersten Schritt in Richtung Medien, was ich mir für diese Woche sowieso vorgenommen hatte. Mir reicht es, wie unbeweglich das Auswärtige Amt ist [Das Ministerium will die Flugkosten in Höhe von 80.000 Mark übernehmen, doch dies scheitert anfangs daran, dass das Hamburger Sozialamt die weiteren Behandlungskosten nicht übernimmt, d. Verf.]. Für diese Woche habe ich einen Termin mit Ulrike Eichin vom ZDF, die eigens mit einem Drehteam aus Mainz anreist. „Frontal" interessiert sich vage für das Thema, und auch „Hallo Deutschland." Während Frau Eichin ihr Material bearbeitet, stehe ich in engem telefonischen Kontakt mit dem Rückholdienst der Malteser in Köln, die eigentlich die Rückholung schon für das vergangene Wochenende vorbereitet hatten. Es ist aber klar, dass der Malteser Hilfsdienst nicht einfach Bernhard abholen kann, um dann in Deutschland zu landen und irgendeine Sozialbehörde zuständig werden zu lassen. Aber man ist dort sehr mitfühlend. Ich telefoniere auch viel mit einer Mitarbeiterin des badischen Landeswohlfahrtsverbands in Karlsruhe, die durch die Grenznähe viel Erfahrung mit Rückholungen aus dem Ausland hat und mir immer wieder versichert, dass das Kompetenzgerangel zwischen den Behörden nicht auf dem Rücken des Betroffenen ausgetragen werden kann und Bernhard ganz sicher bald nach Deutschland käme.

Der Drehtermin mit Frau Eichin ist eine Erfahrung für sich. Um eine Kostenübernahmeerklärung zu bekommen, stehe ich ja mit drei Sozialämtern in Kontakt: Norderstedt, wo Bernhard zuletzt wohnte, Hamburg, wohin er kommen soll, und Freiburg, wo er pro forma gemeldet ist, wegen offizieller Post. Das Sozialamt Norderstedt meint, es könne erst aktiv werden, wenn von Freiburg ein negativer Bescheid auf meinen Antrag hin vorliege. Also denke ich, das ist ja nun einfach, einen Negativbescheid stellt eine Behörde doch schnell aus, und das ist auch so. Frau Eichin will nun aber alle drei Behörden zu ihren Entscheidungen befragen, und das macht den Freiburger Behördenleiter so richtig nervös. Er gibt die heiße Kartoffel an das Presseamt weiter, das sich erstmal auf den Schlips getreten fühlt, weil sich das ZDF nicht vorher anmeldet. Wie nervös die alle sind, sieht man daran, wie geschockt der befragte Sprecher ist, als ich zum Interview mitkomme.

Inzwischen erreicht mich vom badischen Landeswohlfahrtsverband aus Karlsruhe eine sehr inoffizielle Mitteilung, in der sicher zugesagt wird, dass Bernhard nach Deutschland kommt. Es klingt durch, dass man sich hinter verschlossenen Türen irgendwie geeinigt hat. Kurz bevor der ZDF-Beitrag gesendet wird, erhalte ich eine Presseerklärung des Krankenhauses Boberg zugefaxt, in der die Klinik verkündet, sie nehme Bernhard erstmal ohne Kostenübernahme-Erklärung auf. Meine Erleichterung ist riesig. Dann ruft Frau Eichin an und erzählt, das Krankenhaus habe diese Presseerklärung herausgegeben, als das ZDF-Team auf der Station aufgetaucht sei.

Bernhard soll am Montag, dem 20. Oktober 1997, frühmorgens ankommen, und ich mache mich mit einem Zwischenstopp bei Freunden in Bonn nach Hamburg auf. Ich telefoniere auch noch mal mit dem Malteser Hilfsdienst, um klar auszumachen, dass die Medien nicht zu nahe an Bernhard herankommen sollen, vor allem nicht der aufdringliche Filmemacher Hampe, der dort schon telefonisch antichambriert hatte. Als die Malteser hören, dass ich in Bonn Station mache, laden sie mich in die Einsatzzentrale ein, damit ich den Abflug des Lear Jets von Hamburg nach Kanada per Funk miterleben kann. Der Besuch ist sehr schön und der Einsatzleiter erzählt mir noch einiges über seine Erlebnisse bei Auslandsrückholungen, bevor ich nach Hamburg weiterfahre.

Ich wohne bei Bernhards ehemaliger Freundin Nicole, die auch zum Flughafen mitkommen will. Ich bin echt froh über diese Unterstützung. Morgens um sechs soll die Maschine im Geschäftsfliegerbereich ankommen. Wer uns da so früh schon erwartet ist natürlich die Presse. Denen gut verwertbare Antworten zu geben ist ganz schön anstrengend, so früh am Tag und in Anbetracht der diffizilen Situation, ich bemühe mich um eine vorsichtige Ausdrucksweise. Ich will ja auch genügend geben, um die Medien bei der Stange zu halten, die uns beim Umgang mit den Behörden so geholfen haben. Aber auch hier erweist sich das Berliner Filmteam als größter Störfaktor. Ich bin aber sehr erfreut, Bernhards ersten Fluglehrer Walter Brix am Flughafen zu sehen. Als die Maschine ankommt, sind die Interviews mit mir alle abgedreht.

Ich bin ganz schön aufgeregt und empfinde es als Lohn für die Anstrengungen der vergangenen Monate, dass er endlich wieder zu Hause ist. Mit der Besatzung des Flugzeugs ist ausgemacht, dass niemand zu nahe herankommt. Das geht sogar soweit, dass ich nicht einmal an den Flieger herankomme, als die Tür aufgeht. Das finde ich aber in Ordnung. In dem Lear Jet ist es enger als ich dachte, unglaublich eng sogar, etwa so wie in einem VW-Krankenwagen. Bernhard ist hellwach und mindestens genauso aufgeregt wie ich. So, wie er liegt, können wir uns gerade mal die Hand geben, wechseln ein paar Worte, dann wird er in den Krankenwagen umgebettet. Das ist eine schmerzhafte Sache. Mit den Fernsehleuten ist nichts abgesprochen, doch die rücken recht nahe dran, so dass Nicole und ich uns immer wieder ein bisschen dazwischenstellen. Nachdem Bernhard auf den Weg nach Boberg gebracht ist, rufe ich noch die Burn Unit in Edmonton an, um ihnen zu sagen, dass Bernhard gut angekommen ist. Nach all diesen Aufregungen lädt mich Nicole zu einem schönen Frühstück ein.

Glücklich, zu Hause zu sein Wie ich die Rückholung und die Zeit in Boberg erlebe

Die Fahrt im Krankenwagen zum Flughafen Edmonton erlebe ich nur im Unterbewußtsein mit. Der Lear Jet nach Hamburg macht unterwegs zwei Tankstopps, in Goose Bay/Labrador und in Keflavik auf Island. Die gesamte Reise dauert ungefähr zwölf Stunden, und als wir frühmorgens ankommen, ist es noch dunkel. Als erstes kommt Irene zu mir ins Flugzeug und ich habe Tränen in den Augen, weil ich einfach nur glücklich bin, wieder nach Hause zu kommen und meine Schwester zu sehen. Es ist ein ganz besonderes Gefühl, vor allem, weil der Lear Jet jetzt fast auf demselben Platz steht wie knapp ein Jahr zuvor unsere Mooney beim Abflug. Der Lear Jet ist ja auch als „Düsendackel" bekannt mit seinen kurzen „Beinen" und dem langen Rumpf und es ist ein ziemlicher Akt, mich da rauszukriegen. Die Krankenpfleger stoßen dabei häufiger an und das tut mächtig weh. Als ich herauskomme sehe ich in der Entfernung eine Absperrung, hinter der Fernsehteams stehen. Ich kann gar nicht glauben, wieviele Fernsehkameras da sind, obwohl mich Irene über den Presseauftrieb vorgewarnt hatte. Unter all den Menschen am Flughafen Fuhlsbüttel sind auch zwei unserer gemeinsamen Freunde – Walter Brix und Jutta Stickdorn. Ich bin sehr gerührt.

Nachdem ich von den Flugrettungshelfern in den Malteser-Krankenwagen verladen bin, fahren wir nach Boberg ins Berufsgenossenschaftliche Unfallkrankenhaus ab. Das Filmteam, das unsere Reise dokumentiert hatte, erweist sich dafür als besonders penetrant, fragt sogar, ob es im Krankenwagen mitfahren darf. Das verhindert Irene natürlich, aber jetzt verfolgen sie uns auf der Straße. Irgendwann wird es einem der Flugrettungshelfer zu bunt und er sagt dem Fahrer: „Sonderrechte!" Wir fahren also mit Blaulicht weiter, über die erste rote Ampel verfolgen sie uns noch, doch bei der zweiten Ampel lassen sie endlich von uns ab. Ich kann mich dann nicht mehr genau erinnern, wie ich vom Krankenwagen auf die Intensivstation von Boberg komme.

Kurz darauf erinnere ich mich an eine etwas skurrile Situation, wobei ich aus heutiger Sicht nicht hundertprozentig sagen kann, ob ich das wirklich erlebt oder vielleicht doch geträumt habe: Es kommt eine in weiß gekleidete männliche Person in mein Zimmer, schaut mich von oben bis unten an, und sagt schließlich kopfschüttelnd: „Sie wissen ja, in Deutschland hätten Sie das wohl nicht überlebt!" In Gedanken antworte ich ihm: „Oh, kann ich bitte sofort zurück nach Kanada?" Auch wenn ich mir bei dieser Episode nicht sicher bin, ob sie tatsächlich passiert ist, so haben mir später mehrfach Leute erzählt, dass sie sich bei der Unfallnachricht gefragt hätten, ob man mir mit der Rettung wirklich einen Gefallen getan hätte.

Im Nachhinein finde ich das beschämend. Das Leben ist so ein kostbares Gut, dass niemand außer dem Betroffenen selbst darüber entscheiden sollte, ob es tatsächlich lebenswert ist. Ein Menschenleben ist es immer wert, dass man es erhält. Egal, ob der oder die Betroffene querschnittsgelähmt ist, ein Schädel-Hirn-Trauma hat oder schwer brandverletzt ist – auch diese Menschen haben eine Lebensqualität. Jeder muss sich selbst entscheiden.

Am selben Abend läuft der Bericht über meine Ankunft im Fernsehen, den ich auch sehe. Das ist schon beeindruckend, wie Irene das alles organisiert hat und ganz professionell ihre Interviews gibt. In dem Bericht wird gesagt, dass es wohl keine Chance gäbe, dass ich meinen Traum vom Berufspiloten nochmal verwirklichen kann. Das ärgert mich ein bisschen, denn den hatte ich ja schon verwirklicht, ich bin ja schon Berufspilot. Nur den Traum, in diesem Job zu arbeiten, den muß ich natürlich begraben, denn es ist Passagieren sicher schwer vermittelbar, mit einem Piloten zu fliegen, der schon mal abgestürzt und dabei fast ums Leben gekommen ist. Sicherlich hat da jeder Arbeitgeber eine Hemmschwelle, jemanden wie mich einzustellen. Ich hoffe, dass ich später wieder die Möglichkeit haben werde, privat zu fliegen. Da freue ich mich auch schon drauf, aber das Kapitel Berufspilot hat sich erledigt.

Jetzt beginnt in Boberg eine schwere Zeit für mich. Die Mengen Morphium, die ich in Kanada bekommen hatte, haben die deutschen Ärzte doch geschockt. Ich werde also auf Entzug gesetzt. Die Verletzungen schmerzen höllisch, und natürlich merke ich, dass ein Medikament, das ich vorher immer bekommen habe, jetzt fehlt. Die Ärzte sagen mir, die Kanadier hätten viel zu viel Morphium gegeben und man würde davon abhängig werden. Aber wie sich bald herauskristallisiert, hat man in Deutschland eine ganz andere Auffassung von Schmerztherapie. In den meisten hiesigen Krankenhäusern wird das viel restriktiver gehandhabt als in Kanada. Anscheinend kann man aber Unmengen von Morphium medizinisch indiziert zu sich nehmen, ohne dass man davon im eigentlichen Sinne abhängig wird. Natürlich muß man sich das irgendwann langsam wieder abgewöhnen. Die klassische Definition von Abhängigkeit ist ja, dass man so ein Verlangen danach hat, dass man das selbst nicht mehr kontrollieren kann. Ich liege also wochenlang da und leide furchtbar, der Anfang in Boberg ist schwer.

Auf der Intensivstation bekomme ich natürlich auch Besuch, der hinter einer Glasscheibe gehalten wird, weil die Infektionsgefahr bei mir nach wie vor als noch nicht gebannt gilt. Meine Freunde müssen sich also anmelden und sich hinter der Scheibe stehend per Telefon mit mir unterhalten. Ins Zimmer dürfen nur meine Mutter, meine Schwester und Nicole. Das Anmeldeverfahren finde ich gut, denn nicht immer möchte ich Besuch empfangen. Manchmal bin ich einfach zu müde, und oft genug ist mir einfach nur schlecht. Ich bekomme trotzdem recht viel Besuch, doch ich kann mich an manche gar nicht erinnern, zum Beispiel an Walter. Die meiste Zeit bringe ich damit zu, einfach nur die Schmerzen zu ertragen. Man schickt auch schon mal die Krankengymnasten und die Ergotherapeuten zu mir, doch damit will ich noch nichts zu tun haben. Ich will erstmal, dass die Schmerzen weggehen. Auch an die Mahlzeiten kann ich mich kaum erinnern, allenfalls ans Abendessen, wo mir Jens, ein Pfleger, die Brote streicht und kleinschneidet. Wenn es mir gutgeht, esse ich schon wieder ganz ordentlich, doch manchmal geht es mir so schlecht, dass ich nichts essen kann. Schön ist, dass man sich zu trinken bestellen kann, was man will. Da ich keine Cola mehr mag, bestelle ich immer Fanta oder Spezi, gut gekühlt. Vor der Tür steht extra eine für mich organisierte Getränke-Kühlbox.

Von den äußeren Voraussetzungen ist es in Boberg hervorragend, doch der Morphium-Entzug macht mir sehr zu schaffen. Ich erwache deswegen aber immer mehr und bekomme stärker mit, was um mich herum passiert. Mama und Irene wechseln sich jeden Monat mit Besuchen bei mir ab, und irgendwann setzt man mich auch wieder in den Rollstuhl. Sie zeigen mir die Brandverletztenstation für die 2. Phase als Anreiz, dass ich da ja bald hinkäme, dort würde alles besser sein. Hier werden die nicht mehr akut gefährdeten Patienten untergebracht, die aber noch besonderer Pflege bedürfen. Ich zeige allerdings überhaupt kein Interesse, und das irritiert das Personal etwas. Klinikpfarrer Christian Braune ruft sogar Kanada an, um zu fragen, wie man am besten mit mir umgeht. Mir geht es aber eigentlich nur um die höllischen Schmerzen. Mir tut der ganze Körper weh, nicht nur bestimmte Stellen – sicherlich eine Folge der großflächigen Verbrennungen. Ich würde meinen Körper am liebsten verlassen.

Mein schlimmstes Erlebnis auf der Intensivstation ist der erneute Versuch, mich ans Sitzen im Rollstuhl zu gewöhnen. Eine dreiviertel Stunde soll ich darin sitzen, dann würde man mich herausholen. Ich warte sehnsüchtig auf das Ende dieser dreiviertel Stunde, aber es kommt niemand. Ich klingele wie verrückt, aber niemand lässt sich blicken. Auf der Station ist viel los, und jeder ist im Stress. Irgendwann habe ich sie so kirre gemacht, dass sogar Dr. Lönnecke, einer der Oberärzte, persönlich mit anpackt, mich wieder ins Bett zu bringen.

Durch das ausbleibende Morphium kann ich jetzt auch wieder klarer sehen und bin heilfroh darüber. Langsam erkenne ich aber auch das Ausmaß meiner Verletzungen und beginne, die wirkliche Tragweite des Unfalls zu begreifen. Ich bin darüber deprimiert, vor allem, weil es mir mit der Genesung nicht schnell genug geht. Da hätte der Harald jetzt ein breites Lächeln gehabt und gesagt: „Ja, Deine Ungeduld, das wirst Du noch lernen müssen." Irgendwann werde ich auf die andere Brandverletztenstation für die 2. Phase verlegt. Auch dort setzen sich die Depressionen fort, ich liege den ganzen Tag nur 'rum und kann nichts tun. Ich habe einen Zimmernachbarn, der über mein Kommen auch nicht ganz glücklich ist. Dessen Genesung ist schon weit fortgeschritten und der hat nun einen Schwerverletzten neben sich, der nachts öfter mal stöhnt oder noch öfter nach der Nachtwache ruft. Ich liege in einem irrsinnig schweren Spezialbett aus Sand und einem Luftgebläse, das ein Wundliegen verhindern soll, was ein großes Problem bei mir ist. Mein Bett macht viel Lärm, und mein Zimmergenosse zieht erstmal samt Bett ins Badezimmer um, eine schwierige Situation, die mir auch peinlich ist.

Jeden Tag der Woche kommen die Ergo- und Physiotherapeuten und hieven mich zu dritt aus dem Bett, was sehr weh tut, weil mein Po und Rücken wund sind. Ich muß mich ja auf dem Bett drehen, ich verfluche die Situation, so schlimm ist es. Mir ist das alles zuviel, ich fühle mich schlapp und will eigentlich nur meine Ruhe haben. Nicht nur ein großer Teil meines Körpers ist verwundet, auch meine Psyche – nicht gerade ideale Voraussetzungen für eine schnelle Genesung. Ich habe das Gefühl, dass meine innere Uhr anders läuft, ich bin nicht immer zu den üblichen Zeiten bereit für den nächsten Schritt, sondern oft erst später. Das kann ich den Schwestern und Pflegern aber nur schlecht vermitteln, und deshalb ziehe ich mich manchmal mit einem bissigen oder verletzenden Kommentar zurück. So verschlechtert sich das Klima zwischen mir und dem Krankenhauspersonal, auch wenn ich das gar nicht will. Es gelingt mir nie wieder, ein entspanntes Verhältnis zu Schwestern und Pflegern aufzubauen.

Da es mir so weh tut, wenn ich mich aus dem Bett herausdrehen soll, wird ein Hebekran organisiert. Dafür wird eine grüne Haltedecke unter mich geschoben, und dann werde ich am Kran herausgehoben. Das tut zwar nicht mehr ganz so weh wie sonst, schmerzt aber immer noch sehr, ist aber eine Verbesserung. Weihnachten verbringen Mama und Irene bei mir, es ist ein schönes Weihnachtsfest, glücklicherweise liege ich jetzt allein auf dem Zimmer. Mein vorheriger Nachbar hat die Faxen dicke gehabt und so hat man ihn in ein anderes Zimmer verlegt.

Die schwerste Zeit ist Januar und Februar 1998. Ich fühle mich schon wohl genug, um Dinge zu tun, aber ich kann immer noch nicht aufstehen und auch nicht laufen. Und ich frage mich ständig, was das soll, vor allem am Wochenende, wenn nichts los ist und die Schwesternfrequenz niedrig ist. Da liege ich stundenlang dumm 'rum, schaue blöd fern, immer MTV oder sowas. Da habe ich wirklich das Gefühl: „Will ich das alles haben?" Mir kommt der Gedanke, dass ich aus dem Fenster springen würde, wenn ich dorthin gelangen könnte. Doch dann kommt Irene und beruhigt mich wieder, und das treibt mich an, aus dem Bett zu kommen. Eines der Dinge, auf die ich mich richtig freue, ist, wieder selbst auf die Toilette gehen zu können, mein Geschäft also nicht mehr mit Hilfe des Pflegepersonals verrichten zu müssen. Ich empfinde das als eine Steigerung der Lebensqualität um ein Vielfaches, das hält man als Gesunder gar nicht für möglich.

Bisher habe ich es immer vermieden, mich auch nur in die Nähe eines Spiegels zu begeben. Ich gehe davon aus, dass es mich äusserlich am Kopf gar nicht so schlimm erwischt hat, ein Glaube, in dem mich alle Besucher bestärkt haben. Durch die Verbände ist ja auch ziemlich schlecht zu beurteilen, wie es darunter wirklich aussieht. In Boberg gibt es nur an zwei Stellen Spiegel: Im Aufzug für allgemeine Besucher ist einer an der Rückwand, und natürlich in den Badezimmern. Solange ich noch nicht so gut laufen konnte, kam ich also auch gar nicht in die Nähe von Spiegeln, aus dem Rollstuhl heraus konnte ich mich in den Wandspiegeln nicht sehen. Eines Morgens bin ich dann aber auf eigenen Füssen in eine Dusch- und Toilettenkabine zum Verbandswechsel gegangen und habe aus Versehen hineingeschaut. Ich bin ziemlich erschrocken und habe gleich wieder weggeguckt, dann kommt erstmal der Verbandswechsel. Später bin ich extra nochmal ins Badezimmer gegangen, um bewusst in den Spiegel zu schauen. Da habe ich gemerkt, dass es ja doch ganz schön schlimm ist. Als erstes kommt der Gedanke: „Mann, Du siehst ja richtig scheisse aus." Ich habe mich vielleicht 20 Sekunden angestarrt und bin dann in mein Zimmer zurückgegangen. Mein Nachbar ist gerade nicht da, und ich schaue draußen vorm Fenster den Leuten zu und überlege mir, ob es mich stört, dass ich so komisch aussehe. Erstmal komme ich zu keinem richtigen Ergebnis, doch dann ist der Gedanke schnell verflogen. Ab diesem Zeitpunkt kann ich ganz gut in den Spiegel schauen, das macht mir nichts, ich habe ja auch noch einen Kopfverband. Es geht mir damit wie mit der ganzen Bewältigung des Unfalls – ich habe das irgendwie recht schnell weggesteckt.

Mein Verhältnis zu den Schwestern und Pflegern ist so gespannt, dass es bei den für beide Seiten nervenaufreibenden Verbandswechseln manchmal zu Entladungen kommt. Ich schreie mir die Seele aus dem Leib, weil ich das Gefühl habe, gehäutet zu werden. Die Gaze zur Wundabdeckung, die mit Salbe bedeckt ist, wird zuerst täglich und später jeden zweiten Tag gewechselt. In dieser Zeit trocknet die Salbe, wenn dann das Verbandmaterial abgezogen wird, haftet es bereits an der offenen Wunde. Aber es muss runter, doch das tut so weh, dass es mich in die Nähe der Ohnmacht treibt.

Ich weiß gar nicht genau, warum mein Verhältnis zum Pflegepersonal in Boberg so ganz anders ist als das zu den Leuten im Krankenhaus in Edmonton. Stand ich dort so sehr unter Medikamenteneinfluss, dass mein wahrer Charakter gar nicht zum Vorschein kommen konnte? Einerseits glaube ich, dass das Verhältnis zwischen dem Boberger Personal und mir schon falsch angefangen hat. Ich bin in einer schwierigen Phase meiner Genesung und sicherlich kein einfacher Patient. Immer will ich wissen „Was?", „Warum?", „Wozu?" Aber Pfleger und Schwestern wollen oder können nicht immer darauf eingehen.

Andererseits bin ich ein Individualist und kann es nicht gut ertragen, dass mir geholfen werden muss. Ich bin frustriert, dass ich nichts allein machen kann. Und auf Frust reagiere ich oft ungerecht, da kann man leicht denken, ich sei ein Stinkstiefel. Außerdem passe ich nicht in das Schema des gemeinen Brandverletzten: Ich bin extrem schwer verletzt, mein Unfall ist im Ausland passiert und ich errege deshalb das Interesse der Medien. Bei mir ist eben alles anders, und das stört natürlich den normalen Ablauf im Krankenhaus.

In der Krankenhausverwaltung sagt man mir, dass alle Seiten mit der Situation vielleicht etwas überfordert seien. Ich sollte das nicht allzu persönlich nehmen, und das habe ich auch nie. Ich bemühe mich zwar, das Verhältnis zu entspannen, aber nur mit leidlichem Erfolg. So komme ich nie dazu, auch dem Letzten zu sagen, wie sehr ich mir bewusst bin, dass auch das Personal in Boberg entscheidend zu meiner Genesung beigetragen hat. Zwar hatte man in Kanada die schwierigste Aufgabe schon bewältigt, aber ich bin auch für die professionelle Arbeit in Boberg sehr dankbar.

Mir ist noch ein Vorfall im Gedächtnis verankert, den ich immer für real gehalten habe, von dem ich aber heute nicht mehr weiß, ob ich ihn vielleicht doch nur geträumt habe. Auf unserer Station gibt es eine Stahlbadewanne, in der ich bei Verbandswechseln abgeduscht werde. Auf einer Bahre liegend werde ich in die Wanne getaucht und setze mich auf, damit der Pfleger meinen Verband am Rücken entfernen kann. Dazu benutzt er eine Duschbrause, doch der Wasserstrahl trifft mich unglücklicherweise genau in der Wunde. Ich schreie auf vor Schmerz und mache eine heftige, unkoordinierte Bewegung nach vorn. Dabei verliere ich das Gleichgewicht und falle seitlich rechts von der Bahre auf den Steinboden des Waschraums. Auf den ersten Blick hole ich mir dabei nur Abschürfungen, verliere aber so ziemlich alle Körperflüssigkeiten, weil ich darüber noch keine

Kontrolle habe, und alles tut nur noch mehr weh. Nach einer Untersuchung stellt sich heraus, dass ich mir glücklicherweise nichts gebrochen habe. Ich heule vor Enttäuschung, dass ich so blöd war, beruhige mich aber schnell wieder.

Das Abendessen im Krankenhaus entspricht natürlich oft nicht meinen Vorlieben, doch eine Fliegerfreundin, Hilde Mangold, sorgt rührend für Abwechslung. Ich mag Pellkartoffeln mit Quark sehr gern, das bringt mir Hilde öfter vorbei, lecker angemacht mit Schmand. Es geht mir jetzt immer besser, ich lege auch wieder an Gewicht zu, nachdem ich bis auf 78 Kilo abgemagert war. Bei Einlieferung ins Krankenhaus in Edmonton hatte ich noch fast 120 Kilo gewogen, habe also in gut vier Monaten 42 Kilo abgenommen. Und das bei täglicher Zuführung von 10.000 Kalorien!

Ich habe inzwischen wieder laufen gelernt, es geht zwar unendlich langsam, aber ich bin glücklich. Irgendwann steht mit meiner Schwester der erste Besuch außerhalb des Krankenhauses an. Gemeinsam mit Nicole und Irene will ich beim NDR ein Konzert ihrer Freundin Renée besuchen, die Konzert-Hornistin ist. Mittags geht es erstmal mit dem Bus nach Bergedorf, um Passbilder machen zu lassen – alle meine Papiere sind ja verbrannt. Die frische Luft des Frühlings und die ersten warmen Sonnenstrahlen öffnen mir das Herz. In einem Steakrestaurant genieße ich mein erstes Essen außerhalb des Krankenhauses seit fast einem Jahr, eine Abwechslung, die mir sehr gut gefällt. Ich sehe ja zu der Zeit noch ziemlich schrecklich aus, aber es macht mir nichts aus, und die Leute sind auch ganz freundlich – nur im Restaurant die Bedienung ist zunächst überfordert, aber dann fängt sie sich auch schnell wieder. Auch Irene ist schon sehr versiert darin, schwierige Situationen auszubügeln, die durch das Aussehen ihres Bruders entstehen. Dann muß ich erstmal zurück ins Krankenhaus, etwas ausruhen, weil das alles noch sehr anstrengend für mich ist.

Abends findet beim Norddeutschen Rundfunk das Konzert statt, das wir zusammen mit Nicole und Haralds Freundin Gerlinde besuchen. Ich bringe einen Rollstuhl mit, weil ich nicht weiß, ob ich es in dem normalen Sitz aushalten kann. Weil ich keine Treppen steigen kann und der Rollstuhl auch viel zu schwer ist, werde ich mit dem Konzertaufzug nach oben gefahren. Eine Szene wie in einem schlechten Film: Ich sitze im Rollstuhl eingeklemmt neben einem Konzertflügel und fahre vor dem Publikum plötzlich aus dem Boden und natürlich schaue ich genau in alle Gesichter. Aber das macht mir nichts aus. Ich sitze da und lausche dem Konzert und bin so richtig glücklich – endlich mal wieder draußen. Als das Konzert zu Ende ist, kommt das ganze Orchesterensemble noch zu mir und schüttelt mir die Hand – Renée hatte ihnen von mir erzählt. Sie schenken mir auch ihre Blumensträuße und Rosen, die sie nach dem Konzert bekommen hatten. Als ich um Mitternacht ins Krankenhaus zurückkomme, ist meine Lieblingsschwester da, hilft mir ins Bett und stellt die Blumen auf – ein rundum toller Tag geht zu Ende. Ich bin so müde, dass ich zum ersten Mal wieder durchschlafen kann.

Am nächsten Mittag fahren Irene, Renée und ich wieder nach Bergedorf. Der Bus ist ziemlich voll besetzt, Renée bittet ein jungen Mann aufzustehen, der auf einem Behindertenplatz sitzt. Er weigert sich zunächst, den Sitz freizumachen. Aber als der Bus anfährt, verliere ich den Halt und falle fast hin. Nur weil es so voll ist, kann ich mich gerade noch halten. Da hat sogar der junge Mann ein Einsehen und ich kann mich hinsetzen. Die Situation ist mir ein bisschen peinlich, weil ich auf mein Recht pochen muss, aber noch kann ich mich nicht so leicht auf den Beinen halten.

Wir gehen zum Essen in ein türkisches Restaurant. Hier merke ich den Unterschied zwischen deutschen und südländischen Restaurants: Während die Bedienung gestern verstört war über meinen

Anblick und erstmal echte Probleme mit mir hatte, ist das für den Kellner heute überhaupt kein Thema. Er fragt mich, ob er mir Eis ins Getränk tun soll, damit ich es kühler habe und ob mein Essen schon vorher geschnitten werden soll. Hier geht man viel lockerer mit mir um. Ich habe fast das Gefühl, dass die Leute in Deutschland stärker aufs Aufsehen fixiert sind, stärker als in irgendeinem anderen Land, in dem ich war, seit ich den Unfall hatte. In Kanada herrschen nahezu paradiesische Zustände bei der Toleranz gegenüber Entstellten, aber auch schon bei einem kurzen Ausflug nach Frankreich ist es viel besser als hier.

Irgendwann kommen Jutta Stickdorn und eine alte Freundin von Harald vorbei, und machen mit mir und meinem Fluglehrer Walter gemeinsam die erste weite Ausfahrt – zum Flugplatz Hartenholm. Dort habe ich schon viele Stunden verbracht, meinen ersten Pilotenschein gemacht, eigentlich kenne ich jeden, der dort mehr als einmal war. Zusammen mit Walter gehe ich ins Clubheim, wo die übliche Skatrunde zusammensitzt – Harald hat mal gesagt, dass unser Fliegerclub in Wahrheit ein Skatverein mit Flugzeug sei. Walter spricht sie an und sagt: „Guckt mal, wen ich mitgebracht habe, den Bernhard!" Doch die drei Skatbrüder schauen nur kurz auf, sagen müde „Hallo!" und spielen weiter. Meine Begleiter sind enttäuschter als ich – ich habe irgendwie nichts anderes von denen erwartet. Dann gehen wir in die Fliegerkneipe nebenan, und werden dort tatsächlich mit einem großen Hallo empfangen. Ich werde stürmisch begrüßt, alle fragen, wie es mir geht. Mit Walter gehe ich auf das Vorfeld, um einige Flieger anzuschauen. Ich merke, wie mir die Fliegerei fehlt. In diesem Moment weiß ich auch, dass meine Mutter recht hat, wenn sie sagt, dass ich wieder fliegen werde. Der Leiter des Brandverletztenzentrums in Boberg, Dr. Pitzler, schüttelt immer mit dem Kopf, wenn wir über meinen Traum sprechen, wieder selbst zu fliegen. Aber jeder, der sich einmal allein in die Lüfte erhoben und das vollkommene Gefühl des Fliegens erfahren hat, wird mir beipflichten: Es ist besser als alles andere, was man bekleidet jemals gemacht hat.

Immer wieder kommen Anfragen vom Fernsehen, die sich von meinem Schicksal eine gute Story versprechen. Jürgen Hinrichs vom NDR ist selbst Flieger und mit ihm fühle ich mich wohl. Er will zum Anlaß des ersten Jahrestags meiner zweiten Geburt, des Unfalls, einen Bericht machen. Irene rät mir zu, denn der NDR hat uns im Gerangel mit den Behörden viel geholfen. Am 6. Juni 1998 gibt meine Fliegerfreundin Hilde Mangold bei sich zu Hause eine Survival Party für mich, wo Jürgen Hinrichs mit einem NDR-Team dreht. Nach der Ausstrahlung steht noch SAT 1 auf der Matte und will auch einen Bericht machen. Das Krankenhaus Boberg hat schon Bereitschaft signalisiert, und weil ich der Berufsgenossenschaft als Trägerin verbunden bin, stimme ich zu. Aber das ist vorerst das letzte Mal, nehme ich mir vor. Für einen Bericht von drei Minuten Länge wird immer bis zu drei Stunden gedreht – das ist mir körperlich einfach zu viel.

Mein Tagesablauf in Boberg ist stark von den Reha-Maßnahmen geprägt. Nach meinen vielen Hauttransplantationen bade ich zum Beispiel regelmäßig in Eichenbaumrinden-Lösung, das fördert die Hautbildung und beschleunigt die Verlederung. Bewegungsbäder und Krankengymnastik sollen die Gelenke wieder beweglicher machen. Aber bald ist erkennbar, dass es noch einiger Operationen bedarf, bis die Beweglichkeit wieder einigermaßen hergestellt sein wird. In der Ergotherapie versuchen die Therapeuten, meine linke Hand zu desensibilisieren und funktionstüchtig zu machen. Aber ich habe noch tiefe Wunden an den Fingern und kann mir gar nicht vorstellen, dass ich es irgendwann wieder ertragen kann, etwas mit der linken Hand anzufassen. Es wird noch fast ein Jahr dauern, bis diese Wunden zugewachsen sind.

Ich habe Glück, dass ich als Rechtshänder meine rechte Hand inzwischen zu 80 Prozent benutzen kann. Das verdanke ich unter anderem der Behandlung in Kanada: Dort hatte ich einen Handschuh getragen, der an jedem Fingerende ein Gummiband besaß. Das alles war an eine Maschine angeschlossen, die meine Hand 23 Stunden am Tag automatisch zu einer Faust zusammenzog. Die Gummis zogen dann in der Gegenrichtung die Hand wieder auf. Ich habe diese Methode gehasst, weil sie sehr schmerzhaft war. Aber man muss die Gelenke ständig in Bewegung halten, sonst bilden sich Kontrakturen. Meine linke Seite ist viel schlimmer betroffen als die rechte, da konnte man am Anfang gar nichts machen, deshalb sind die Kontraktionen dort viel größer. Mit der linken Hand kann ich zwar eine Gabel benutzen, aber mit dem selbständigen Brötchenschmieren mit beiden Händen klappt es noch nicht so. Aber als Rechtshänder empfinde ich schon ein großes Glücksgefühl, als ich zum ersten Mal wieder eine Tür allein öffnen kann.

Am 19. Juni 1998 werde ich nach acht Monaten aus dem Krankenhaus Boberg entlassen. Ich habe sehr auf diesen Termin gedrängt, weil ich zwei Tage später zum 10. Welt-Verbranntenkongress fliegen will, der in diesem Jahr nämlich in Edmonton stattfindet.

Eine erstaunliche Entwicklung

Dr. Diethart Pitzler, Leitender Arzt auf der Brandverletztenstation des Krankenhauses Hamburg-Boberg, über meinen Fall

Es gehört auch heute zu den Seltenheiten, dass Leute mit so schweren Verletzungen wie Bernhard Heitz überleben. Allerdings ist es bei günstigen Voraussetzungen auch nicht so ungewöhnlich. Die Brandverletztenversorgung ist heute nicht so gut, dass man sagen kann, dass jeder Patient mit 85-prozentigen Verbrennungen sicher überlebt. Da kommen viele Faktoren zusammen – sehr wesentlich ist das Lebensalter. Herr Heitz ist zum Zeitpunkt des Unfalls relativ jung und hat damit zunächst sehr gute Chancen. Doch es spielen noch viele andere Dinge eine Rolle.

Als Herr Heitz zu uns kommt, ist er aus dem Gröbsten heraus, seine Wundflächen zum größten Teil geschlossen. Er hat noch viele Restwunden, und unser Problem ist, dass seine Gelenke weitgehend eingesteift und schlecht beweglich sind. Die Narben, die entstehen, die bauen sich um und es findet eine Narbenreifung statt. Dabei entstehen Schrumpfungen, die an Gelenken zu Steifheit führen. Wenn man ein Gelenk lange ruhigstellt, wie es bei Herrn Heitz teilweise in Kanada der Fall war, dann ist meist eine gewisse Einsteifung erfolgt, bevor man es wieder mobilisieren kann, und dann tun die ersten Bewegungen weh. Je früher man beginnt, ein Gelenk mobil zu machen, um so geringer sind die Funktionseinschränkungen. Deswegen beginnen wir mit den Patienten schon am Tag nach der Einlieferung mit der Krankengymnastik. Wir haben mit diesem Vorgehen bei den jährlich 100 bis 120 Brandverletzten, die wir seit vielen Jahren so behandeln, gute Erfahrungen gemacht. Mit dieser Therapie normalisiert sich alles viel schneller als wenn man die Patienten im Bett liegen lässt und lange mit Morphium behandelt.

Als Herr Heitz zu uns kommt, ist er ganz sicher schon morphiumabhängig, deswegen empfindet er den Entzug auch als so hart. Auch wir verwenden zur Schmerzbehandlung Morphium, allerdings eher bei Kindern. Morphium macht sehr rasch abhängig, und um einen gleichbleibenden Effekt bei der Schmerzstillung zu erzielen, braucht man immer höhere Dosen. Wir wollen natürlich solche Abhängigkeiten für den Patienten nicht haben, und wir steigen sehr schnell auf Ersatz-Schmerzmittel um. Herr Heitz bekommt genügend andere Schmerzmittel, aber Leute, die auf Morphium fixiert sind, empfinden die anderen Mittel dann als nicht so hilfreich. Aber man muss da einfach konsequent sein, sonst produziert man sehr schnell einen Drogenabhängigen.

Am Anfang jammert Herr Heitz hier sehr viel, aber das machen die Morphiumabhängigen meistens. Herr Heitz ist ein schwieriger Patient – wie alle Schwerverletzten. Er hat auch einen Morphium-Überhang und damit vielleicht Wahrnehmungsstörungen gehabt, das endet nicht schlagartig. Hier auf dieser Station sind 15 mehr oder weniger schwer Verletzte, und die müssen alle ordentlich betreut werden, wobei das Personal nicht beliebig vermehrbar ist. Die berufsgenossenschaftlichen Unfallkrankenhäuser müssen aber nicht auf die Mark schauen, alles was gut und teuer ist, gibt's hier. Auch personell sind wir gut ausgestattet, wenn ich das mit anderen Häusern vergleiche. In Kanada war Herr Heitz noch schwerer verletzt, da hat er im Bett gelegen und da haben sie ihn bemuttert. Hier muss er raus und seine Therapien machen, das empfindet er als grob. Aber hätten wir das Regime von Kanada weitergeführt nach dem Motto „Ach der Arme, soll er im Bett bleiben", dann wäre er vielleicht jetzt komplett steif irgendwo in einem Pflegeheim.

Wir wollen, dass die Leute hier ihre Situation erfassen und mit beiden Händen versuchen, das Beste draus zu machen. Es bringt nichts, wenn immer nur andere für den Betroffenen agieren, irgendwann müssen sie selber was tun. Schwere Brandverletzungen gehören zu den folgenreichsten Verletzungen, die man sich zufügen kann. Es ist nicht damit getan, dass die Leute diese schreckliche Akutphase überleben, sie sind eigentlich für den Rest ihres Lebens an ihre Ärzte gebunden. Die Narbenveränderungen bringen häufig Probleme mit sich, die chirurgisch anzugehen sind.

Es kommen zu den Problemen mit den Gelenken auch ästhetische Probleme hinzu, die über einen langen Zeitraum zu operativen Korrekturen Anlass geben. Man hat ein Leben lang Probleme. Auch bei Herrn Heitz muss ästhetisch noch einiges verbessert werden, das würde ich noch nicht so lassen wollen, wie es heute ist. Er wird nie wieder so aussehen wie früher, aber man kann noch einiges verbessern. Aber sowas machen wir natürlich nur, wenn es der Patient will. Wenn sie innerlich so gefestigt sind, dass sie sagen, es ist ihnen egal, wenn sie angestarrt werden, dann ist es auch in Ordnung. Sowas ist ja nichts Lebensnotwendiges, sowas macht man für die Psyche.

Die Entwicklung bei Herrn Heitz nach seiner Entlassung aus Boberg finde ich einfach erstaunlich: Er ruht fest in sich und hat soviel Selbstbewusstsein, dass es ihm nichts ausmacht, sich trotz relativ heftiger Entstellung in der Öffentlichkeit zu zeigen und mit den Leuten zu reden. Das ist im Vergleich zu Patienten, die wir sonst so in Behandlung haben, eine rühmliche Ausnahme, die meisten verstecken sich. Viele Patienten erzählen von den schlimmen Erlebnissen, die sie auf der Straße mit gesunden Leuten haben. Dass wildfremde Leute sich auf der Straße vor ihnen aufbauen, die Hände in die Hüften stemmen und sagen, es sei ja eine Unverschämtheit, wie sie sich ihren Mitmenschen präsentierten. Ich kann das auch kaum glauben, aber es ist mir von mehreren Leuten unabhängig voneinander erzählt worden. Man fasst sowas nicht.

Ich hoffe nur, dass Herr Heitz nicht nur jetzt so euphorisiert ist und dann irgendwann der große Absturz kommt. Aber er ist ja in psychologischer Behandlung beim Klinikpfarrer Dr. Braune, und der sieht die Entwicklung auch nicht in diese Richtung laufen. Aber wir haben es schon oft erlebt, dass die Leute erst glücklich sind, überlebt zu haben, aber wenn sie dann zu Hause in normaler Umgebung sind und sie dort wegen ihrer Entstellung nicht so angenommen werden, dass dann der große psychische Zusammenbruch kommt. Aber Bernhard Heitz ist ja schon eine Weile draußen, ist lustig und fidel und geht auf die Leute zu, das ist schon ungewöhnlich.

7. Kapitel:

Das Leben danach

„Vor etwas über einem Jahr kämpfte Bernhard Heitz in einem Edmontoner Hospital um sein Leben, schrecklich verbrannt nach einem Flugzeugabsturz. Diese Woche reiste er zurück nach Edmonton aus seinem Heimatland Deutschland, um den Ärzten und Schwestern öffentlich zu danken, von denen er sagt, sie hätten ihm eine zweite Chance zu leben gegeben."

Edmonton Journal, 26. Juni 1998

Mein Leben nach dem Krankenhaus und meine Vorstellungen für die Zukunft

Kleine Schritte... Irene über meine körperlichen Fortschritte

Heute, zwei Jahre nach diesem Unfall, sehe ich, wie die Kurve der körperlichen Fortschritte abflacht. Sie ist natürlich auch abhängig von den Operationen, die seine Bewegungsfähigkeit Schritt für Schritt wiederherstellen sollen. So kann er zwar gehen, ein Ausflug zum Bäcker strengt ihn jedoch so sehr an, dass er sich dann schon ausruhen muss. Bei einer längeren Einkaufstour, ohne Auto nicht möglich, habe ich mir angewöhnt, für ihn nach Sitzgelegenheiten Ausschau zu halten.

Nachdem die Lebensgefahr nun vorbei ist, sich eine gewisse Mobilität wieder eingestellt hat, muss ich mich nun daran gewöhnen, dass Bernhard körperlich weit entfernt ist von einem „normalen" Leben. Gedanken darüber, wie das langfristig für ihn wird, vermag wohl nur er selbst sich zu machen. Kleine Schritte werden es sein, und so freue ich mich um so mehr, dass Bernhard die innere Kraft spürt, die ihn antreibt, seine Erfahrungen mit der Katastrophe in eine aktive Arbeit für eine Brandverletzten-Selbsthilfeorganisation umzuwandeln.

Rückkehr nach Kanada

Am 21. Juni 1998 fliege ich zum Weltverbrannten-Kongress. Er findet in diesem Jahr passenderweise in Edmonton statt, wo mich die Ärzte gerettet haben. Die lokale Brandverletztenorganisation, die „Alberta Burn Rehabilitation Society" (ABRS), hat mich eingeladen, die

Reisekosten zahlt die Stiftung „Mayday", die von der deutschen Pilotenvereinigung Cockpit getragen wird und in Not geratenen Piloten hilft. Es ist eine Reise an den Ort meiner zweiten Geburt. Ich will in Kanada natürlich die Schwestern und Ärzte wiedersehen, die mich behandelt haben. Aber ich ich will dort auch genügend Informationen sammeln, um in Hamburg-Boberg eine Brandverletztenorganisation nach dem Vorbild der ABRS zu gründen. Ich habe dort bereits mit dem Klinikpastor und Psychologen Christian Braune über dieses Vorhaben gesprochen. Es hat in Boberg immer wieder den Versuch gegeben, eine solche Organisation zu etablieren. Aber auch der letzte Versuch ist kläglich am Ego der Vorsitzenden gescheitert, die diese Arbeit nicht nur uneigennützig zu verstehen scheint. Für mich ist die Uneigennützigkeit der Aktiven aber Hauptvoraussetzung des Erfolgs, was sich in Kanada bestätigt. Außerdem merke ich, dass bei unseren vorherigen Treffen in Boberg einfach die Struktur gefehlt hat. Kamen früher drei, vier oder fünf Teilnehmer, sind es jetzt, nach der Neugründung, regelmäßig 15-20.

Ein weiterer wichtiger Grund für mich, nach Kanada zu fahren, ist Candace, die PR-Mitarbeiterin des Krankenhauses. Sie hat die Medien in meinem Fall betreut, aber am Anfang hatte sie wohl mehr mit der Abwehr von Anfragen zu tun als sich mit mir zu unterhalten. Auch wegen der Medikamente habe ich sie zuerst gar nicht wahrgenommen. Aber als sie dann mehr und mehr Zeit an meinem Bett verbringt, habe ich mich in sie verliebt, glaube ich. Ich will in Kanada herausfinden, ob das bei uns vielleicht nur das übliche Helfer-Syndrom und ein paar romantische Gefühle waren, oder ob mehr daraus werden kann.

Am 21. Juni trete ich also meinen ersten bewussten Flug nach dem Absturz vor einem Jahr an, den Rücktransport aus Edmonton im Lear Jet kann man ja nur bedingt dazurechnen. Rechts neben mich setzt sich auf dem Weg nach Frankfurt eine junge Dame, und da ich ja selten schüchtern bin, wenn es um nichts geht, habe ich mich gleich mit ihr unterhalten, das macht den Flug ziemlich kurzweilig. Als wir dann in Frankfurt wieder aufstehen, wendet sich eine Frau auf der anderen Seite des Ganges an mich und sagt: „Ich habe Sie im Fernsehen gesehen und finde es toll, wie Sie das alles hinkriegen. Ich wünsche Ihnen viel Glück!" Das ist übrigens die vorherrschende Reaktion, die ich auf diese beiden Berichte im Fernsehen bekomme. In Frankfurt treffe ich Mama und Irene, mit ihnen gemeinsam geht es über Toronto nach Edmonton.

Kurz nach der Ankunft in Edmonton habe ich ein Wiedersehen mit Ray Snyder, einer ganz treuen Seele, der mich immer im Krankenhaus besucht hatte. Sein Vater und Großvater waren beide Buschpiloten, und er hatte von meinem Fall in der Zeitung gelesen und wollte mich besuchen kommen. Am Thanksgiving Day hat er mir damals sogar ein Truthahn-Menü gebracht. Das ist jetzt ein großes Hallo, als er vor mir steht.

Abends beginnt der Kongreß mit einer Auftaktveranstaltung, einem Get-together, wo ich mich noch ziemlich fremd fühle und mich bei vielen Leuten erstmal vorstelle. Doch schon am nächsten Tag ist meine Reserviertheit wie weggeblasen. Zwischendurch muss ich alle drei Tage immer noch zum Verbandswechsel in mein vertrautes Krankenhaus. Bevor ich zum ersten Mal komme, hat die Sozialarbeiterin sogar einen Zettel mit meinem Termin ausgehängt. Deshalb gibt es große freudige Erregung, als ich wieder da bin. Es kommen sogar extra Mitarbeiter und Ärzte, die an diesem Tag eigentlich frei haben. Ich bin gerührt, als sie eine Eistorte hereinbringen, auf der oben „Welcome Back" draufsteht. Alle sind richtig glücklich, dass ich sie besuchen komme und es ist toll, alte Kontakte aufzufrischen. Auch die Ärzte Dr. Paul Whidden und natürlich Dr. Tredget kommen dazu, und ich diskutiere mit ihnen über meinen Zustand. Ich spüre die herzliche Atmosphäre auf der Station wieder. Das Lachen hört man, aber das Lächeln spürt man. Wie ich dieses Gefühl vermisst habe, bemerke ich erst jetzt so richtig.

Natürlich sehe ich auch Candace wieder, die sich frei genommen hat. Schnell ist klar, dass uns etwas verbindet, was über das normale Verhältnis Patient und Helferin hinaus geht. Ich probiere aus, wie weit ich mit meinen verbalen Komplimenten und harmlosen Anspielungen gehen kann. Es scheint keine Grenzen zu geben, und wenn doch, befürchte ich, sie bereits überschritten zu haben. Ich frage sie, ob sie es lieber hätte, wenn ich damit aufhöre. Zu meinem Erstaunen antwortet sie: „Ich bin mir nicht sicher, ob ich das will." Sie schaut mich mit ihren Katzenaugen an und in mir steigt ein besonderes, unbeschreiblich schönes Gefühl auf. In jener Nacht bleibt sie bis in die frühen Morgenstunden bei mir. Wir erzählen uns vom vergangenen Jahr, das wir getrennt waren. Ich bemerke, wie sehr sie mir gefehlt hat. Sie im Arm zu halten, scheint mir das Glück auf Erden.

Ein wichtiger Programmpunkt des Kongresses ist die Veranstaltung in Fort Edmonton, der Keimzelle der Stadt, wohin Candace uns begleitet. Man kann sich an der historischen Stätte umschauen, und dann wird nachmittags gegrillt und in einem großen Festzelt gegessen. Es ist sehr heiß an diesem Tag, und ich bin noch von meinem Krankenhausaufenthalt geschwächt. Während des Kongresses halten Mitglieder anderer Brandverletztenorganisationen Vorträge. Als ich eingeladen wurde, habe ich gefragt, ob ich auch etwas vorbereiten sollte. Aber man sagte mir, ich solle mich nicht darum kümmern. Und jetzt, in dieser Hitze, wird plötzlich mein Name aufgerufen. Ich höre es erst gar nicht, aber Candace macht mich darauf aufmerksam: Ich bin an diesem Nachmittag der einzige Programmpunkt, neben der Musik.

Vor 250 Delegierten soll ich meine Geschichte erzählen. Etwas aufgeregt trage ich dann in der mir eigenen Art vor, was mir passiert ist. Ich erzähle, wie ich gerettet wurde und danke all jenen, die mein Überleben möglich gemacht haben. Als ich fertig bin, bricht ein Sturm der Begeisterung über mich herein – es erweist sich als Glück, dass ich hier spontan geredet habe, ohne Manuskript. Immer wieder werde ich noch in den nächsten Tagen auf diesen Vortrag hin angesprochen und gelobt. Ich fühle mich unwohl dabei, weil ich auf persönliches Lob immer unsicher reagiere. Viele Leute sagen, dass mein Vortrag für sie Inspiration gewesen sei. Nachdem sich später das Lob etwas gesetzt hat, kann ich auch ein bisschen stolz darauf sein.

Auch im Edmonton Journal erscheint am 26. Juni 1998 wieder ein ausführlicher Artikel unter der Überschrift „Ich wurde zweimal auf diese Welt gebracht", einem Zitat von mir.

„(...) 'Ich wurde zweimal auf diese Welt gebracht', sagte Heitz in fast fehlerfreiem Englisch. 'Und beim zweiten Mal waren es diese zwei Ärzte [Dr. Tredget und Dr. Whidden].' Speziell Tredget hat einen internationalen Ruf für seine Erfahrung bei Hautverpflanzungen und beim Bekämpfen von Infektionen, die für ein Brandopfer den Unterschied zwischen Leben und Tod bedeuten können. Aber noch mehr als über die medizinische Behandlung, so Heitz, sei er vom Entgegenkommen und der Unterstützung gerührt gewesen, die ihm und seiner Familie während ihres viereinhalbmonatigen Aufenthalts in Edmonton zuteil geworden seien. (...) Heitz sagte, seine Mutter und Schwester würden nie vergessen, wie Fremde ihre Häuser für sie öffneten und sie bei sich aufnahmen. (...)
Jetzt, wo er wieder auf den Beinen ist, sagt Heitz, stelle er einen großen Unterschied fest in der Art und Weise, wie Deutsche und Kanadier auf seine Brandwunden reagieren. (...)
In Kanada starren die Leute nicht, sagt er. 'In Kanada ist eine Behinderung gar nichts. Die Leute reagieren normal.'

Für einen Mann, der soviele Schmerzen überstanden und immer noch lange und schmerzhafte Operationen vor sich hat, ist Heitz bemerkenswert guter Dinge. Fragt man ihn, wie ihn der schreckliche Unfall seelisch gezeichnet hat, scherzt er: 'Ich war vorher schon blöd. Das hat sich nicht geändert.' (...)"

Bei dem Treffen mit Dr. Tredget dankt er meiner Schwester, wie toll sie das alles geschafft hatte, mit den Behörden zu verhandeln. Ich finde das auch. Sie hatte an der richtigen Stelle Feuer gelegt, dabei aber immer aufgepasst, auf der sicheren Seite zu stehen. Mir war gar nicht bewusst, wieviel sie aushalten konnte. Viel aushalten mußte auch meine Mutter. Unser Unfall passierte kurz vor dem Todestag meines Vaters, und nun schwebte ich in Lebensgefahr. Keine gute Woche für meine Mutter. Sie macht sich immer fürchterlich viel Sorgen. Dabei hat sie äußerlich immer Ruhe bewahrt. Sie hat mich nie, auch heute noch nicht, merken lassen, wie schwer diese Zeit für sie war. Im Gegenteil. Sie hat mir immer Mut gemacht, in mir den Schalk geweckt, damit ich das Lächeln nicht verliere. Sie und Irene haben mir über die schwere Zeit vor allem im Januar/Februar 1998 geholfen.

Wir bleiben noch etwas länger in Edmonton, um einige Orte zu besuchen, von denen Mama und Irene mir bei ihren Besuchen erzählten. Zum Beispiel gehen wir jetzt gemeinsam in die wirklich schöne Altstadt, Candace begleitet uns meistens. Unser Verhältnis ist enger geworden. An einem Abend veranstaltet sie für uns ein Barbecue und ich lerne Peter, ihren Freund, kennen. Eigentlich scheint er ganz nett, aber man spürt die Spannungen zwischen beiden. Candace hat sich unheimlich viel Mühe gegeben, alles mit viel Liebe angerichtet. Auch Michael Braun, mein bester Freund, ist gekommen. Er lebt in Kalifornien und kommt auf dem Rückweg von einem Geschäftstermin in Deutschland in Edmonton vorbei. „Es kann nicht sein, dass wir beide zur selben Zeit auf dem nordamerikanischen Kontinent sind und uns nicht treffen", sagt er. Es ist ein wunderschöner Abend. Gesellig sitzen fast alle Menschen zusammen, die mir etwas bedeuten – so fernab der Heimat. Und immer wieder treffen sich die Blicke von Candace und mir – ich bin verliebt bis über beide Ohren. Die letzte Nacht vor unserem Heimflug verbringen Candace und ich zusammen, ohne das groß etwas passiert. Wir liegen eng aneinander geschmiegt da und kuscheln. Sie verspricht, mich zu Hause zu besuchen.

Wohnungssuche mit Hindernissen

Nach meiner Kanada-Reise wohne ich zunächst wieder bei Jutta in Kaltenkirchen. Doch das ist keine Dauerlösung, wir müssen eine Wohnung für mich suchen. Erstmal beantragen wir bei der Stadt Kaltenkirchen Sozialhilfe, da bisher keine Versicherung zahlen will und auch von der Familie Fresenius keine Unterstützung zu erwarten ist. Gleichzeitig gehen wir aufs Wohungsamt, doch dort bekommen wir gesagt, es gäbe zur Zeit keine freie Wohnung für Sozialhilfeempfänger. Man macht uns auch wenig Hoffnung, dass sich das in nächster Zeit ändern könnte. Auf die Frage, wo ich denn bleiben solle, erhalten wir mit einem Achselzucken des Beamten die lapidare Antwort: „Wieso? Sie sind doch erst einmal untergebracht." Doch Jutta entgegnet mit Nachdruck, sie sei nicht bereit, die Aufgaben des Staates zu übernehmen, auf die Dauer könne ich nicht bei ihr bleiben.

Der Beamte versucht, mich zu beruhigen. Es bestünde keinerlei Anlass zur Sorge. Auch wenn keine Wohnung aufzutreiben sei, müsse ich mein Haupt nicht unter eine Brücke betten. Eine Frechheit, die er später nochmal gegenüber Jutta und Walter, meinem ersten Fluglehrer, äußert. Der reagiert ungehalten und fragt, ob sich der Beamte überhaupt bewusst sei, welcher Infektionsgefahr ich durch meine noch offenen Wunden ausgesetzt sei. Der hatte nämlich vorher noch argumentiert, im Obdachlosenasyl sei immer ein Platz frei, notfalls könne ich mir da ja auch ein Zimmer teilen. Ich traue meinen Ohren nicht und beginne, alle absonderlichen Geschichten zu glauben, die ich jemals über Behördenwillkür gehört habe. Wir schalten einen Nachbarn von Jutta ein, einen Abgeordneten des Stadtrats.

Und siehe da, am nächsten Tag ist das Angebot für eine Wohnung da. In einem neunstöckigen Gebäude mit Fahrstuhl soll ich in den siebten Stock ziehen, das Sozialamt ist bereit, die Miete zu übernehmen. Die Wohnung ist schön geschnitten, doch in einem jämmerlichen Zustand. Der Küchenboden ist kaputt und die Zimmer sind mit einem schmuddeligen Teppichbodenbelag ausgelegt, der für mich wegen meiner Hautallergien ein Problem ist. Uns wird nahegelegt, dass wir einen Kostenvoranschlag für einen neuen Bodenbelag und die sonstigen Renovierungsarbeiten machen lassen sollten.

Der fällt ziemlich hoch aus, das ist das Sozialamt nicht bereit zu zahlen. Und dann wird, offenbar typisch für solche Situationen, die Verantwortung an andere übertragen. Die Amtsärztin soll darüber befinden, was für mich notwendig ist. Jutta trifft sich auch mit ihr in der Wohnung, und wie bestellt torkeln zwei Alkoholiker aus dem Eingang. Dann zählt die Amtsärztin auch noch fünf zum Teil schwer zu öffnende Türen, die vom Eingang bis zur Wohnungstür zu überwinden sind. Sie schüttelt den Kopf und sagt: „Das geht ja alles nicht, hier kann Herr Heitz nicht wohnen.“ Außerdem sind weder Fenster noch Wasserhähne mit nur einer Hand zu bedienen. Statt einer Dusche, die ich brauche, gibt es nur eine sehr hohe Badewanne. Ihr Bericht an das Wohnungsamt fällt daraufhin eindeutig aus: Es muss eine andere Wohnung für mich her, die behindertengerecht ist. Wir wähnen uns schon am Ziel, aber es wird noch ein langer Kampf.

Die Stadt hält sich nun nämlich nicht mehr für zuständig und gibt die Sache an den Kreis weiter, und dort scheinen alle Zuständigen im Urlaub zu sein. Auch hier erleben wir typisches Beamtenverhalten – erstmal alles abwehren, nur nichts an sich herankommen lassen. Die Amtsärztin hatte den Behörden ein Ultimatum von 14 Tagen gestellt, und inzwischen ist es schon Dienstag der zweiten Woche.

Jutta sagt: „Am Freitag zieht Herr Heitz aus, entweder in eine neue Wohnung oder in ein Hotel, das ist mir egal." In Kaltenkirchen haben wir bereits eine Wohnung besichtigt, die genau den Vorgaben der Amtsärztin entspricht, aber viel teurer als die andere ist und die die Behörde deswegen nicht bezahlen will. Noch glauben die Beamten Juttas Entschlossenheit nicht, und so muss ich tatsächlich für eine Woche ins Hotel ziehen. Plötzlich aber geht alles ganz schnell. Eine moderne Zweizimmer-Wohnung in schöner Lage wird gemietet und hergerichtet. Ich habe sie vorher gar nicht gesehen, aber es ist mir egal. Ich vertraue auf Juttas Urteil und bin froh, dass es vorangeht. Im September 1998 ziehe ich dann endlich in meine eigenen vier Wände. Außer meinem Dank hat Jutta nie einen Lohn für ihre Bemühungen erhalten – wer weiß, wo ich ohne ihre resolute Hilfe sonst geblieben wäre.

Zur Ehrenrettung der Behörden in Kaltenkirchen und im Kreis Bad Segeberg muss ich sagen, dass mein Fall wohl außerhalb der sonst üblichen Norm gelegen hat. Man war anfangs offensichtlich überfordert mit mir. Heute ist das Sozialamt äußerst kooperativ. Wir mussten uns eben erst aneinander gewöhnen. Auf jeden Fall kann ich diese Erfahrungen gut in unsere Brandverletztenorganisation einbringen.

Leben mit einem neuen Gesicht

Kurz darauf kommt mich Candace Ende September besuchen, mit der ich zuvor intensiven Kontakt per e-Mail pflege. Am Hamburger Flughafen warte ich ganz aufgeregt, weil ich mir nicht sicher bin, ob sie wirklich kommt. Aber sie ist zur verabredeten Zeit tatsächlich da, und wir verbringen die ersten Tage in Kaltenkirchen. Candace ist vom ungewohnten Jet Lag so ermattet, dass sie dauernd einschläft. Am 1. Oktober wollen wir meinen Geburtstag mit Freunden in Hamburg feiern. Wir treffen uns in einem Tex-Mex-Restaurant in St. Pauli. Ich muss eine Jogginghose tragen, weil meine Haut anderen Stoff noch nicht verträgt. Außerdem habe ich einen grünen Lodenmantel an wie Columbo und eine Mütze auf, was wohl eine etwas abenteuerliche Kombination ist. Wir sprechen mit der Bedienung, dass wir einen größeren Tisch brauchen. Während sie uns schon einen Tisch zuweisen will, kommt der Manager und will uns rausschmeissen. Das regt Candace furchtbar auf, die seine Reaktion auf mein Aussehen bezieht. Ich glaube eher, dass er denkt, ich sei irgendwie ein Bettler oder Stadtstreicher. Die Bedienung fährt ihm über den Mund und lässt uns Platz nehmen. Später kriegen wir zur Entschuldigung eine Runde Margaritas auf Kosten des Hauses, der Manager zeigt sich nicht wieder. Hoffentlich schämt er sich, als wir nachher unsere nicht unerhebliche Rechnung ordentlich bezahlen.

Dann gehen Candace und ich auf Deutschlandtour, besuchen meine Mutter und Irene in Freiburg und laufen sogar zusammen über die Frankfurter Buchmesse, wo uns mein Verleger Franz-Christoph Heel und sein Team herzlich empfangen. Franz-Christoph und Antje, seine Frau, eine alte Studienfreundin von mir aus Bayreuther Zeiten, gehörten auch zu den Ersten, die mich in Boberg besucht hatten, wobei spontan die Idee zu diesem Buch geboren wurde.

Auf meiner Reise mit Candace festigt sich mein Gefühl ihr gegenüber – wenn das überhaupt noch möglich ist. Ich vertrete die These, dass man in den ersten 15 Minuten des Kennenlernens weiß, ob man zueinander passt oder nicht. Und mit Candace bin ich mir sicher. Ich frage sie, ob sie sich vorstellen könnte, ein paar Jahre in Deutschland zu leben. Und als sie ja sagt, mache ich ihr einen schönen, altmodischen Heiratsantrag. Ich schenke ihr einen Ring in einer Schachtel, die mit roten Rosenblättern ausgelegt ist. Sie ist gerührt, sagt aber: „Das muss ich mir überlegen." Sie kann mir im Moment darauf nicht antworten. Ich weiß, dass die Situation mit Peter sehr zerfahren ist, und so dränge ich sie auch nicht. Bevor sie abreist, sage ich ihr aber auch, dass ich nicht ewig warten werde. Eigentlich weiß ich da schon, dass es nicht klappen wird. Ist sie erst einmal zu Hause, ist die Chance vertan. Und so kommt es auch. Es ist Februar 1999 – ich will eine klare Entscheidung, sie ist dazu nicht in der Lage. Ich bin sehr traurig und ziehe mich zurück, der Kontakt schläft langsam ein. Aber ich vermisse sie immer noch sehr.

Es wird zwar immer behauptet, dass es zwischen Männern und Frauen nicht auf das Aussehen ankommt, aber das stimmt nur bedingt. Bei einer Entstellung wie ich sie habe merkt man schon, dass die Menschen schauen. Oft sind die Frauen zuerst auch geschockt, wenn sie mich sehen. Viele lassen es sich nicht anmerken, aber irgendwann erzählen sie es einem doch. Für mich, der von innen nach außen schaut, hat sich nicht viel verändert. Meine lockere Art, mit Menschen umzugehen, wurde mir Gott sei Dank nicht genommen. Und so schäkere ich immer noch mit den Frauen wie vorher. Immerhin wissen die Frauen, was sie bei mir bekommen, nach dem Motto: „Wüst bleibt wüst, Schönheit vergeht." Bei mir ist klar: So sehe ich für den Rest meines Lebens aus – irgend so ein Schönling wird irgendwann schrumpelig und alt werden.

Aber dennoch geht es seit Candace bisher nie über das Stadium des Schäkerns hinaus. Eine Partnerin, mit der man sich unterhalten kann, Ausflüge unternimmt und kuschelt, ist für mich höchst erstrebenswert. Ich kann da überzeugte Singles nicht verstehen. Ich muss natürlich nicht mit jeder Frau schlafen, die ich kennenlerne. Einige Zeit nach dem Unfall habe ich übrigens herausgefunden, dass das körperlich immer noch funktioniert. Dinge, die ich in meinem Liebesleben vor dem Unfall tun konnte, kann ich aber noch nicht so gut, weil ich noch nicht so gelenkig bin. Leider ist die Sensibilität der Haut an einigen Stellen, vor allem an den Armen, komplett verschwunden – was nicht heißt, dass ich gefühllos bin. An einigen Stellen meines linken Arms sieht die Haut aus wie glasiert. Das sind künstliche Hautzellen, die aus Knochenmark von Haifischen und meinen eigenen Zellen gezüchtet wurden. Nur ein Teil dieser aufgesetzten künstlichen Haut wächst auch tatsächlich an. Aber ich sage immer aus Spaß, wenn ich mal tauchen sollte, werden mich die Haie wie einen Kollegen begrüßen...

Auch das Küssen ist ein bisschen schwer: Beim Küssen schießt Blut in die Lippen, und bei mir sind die ohnehin schon so sensibel, dass es ein bisschen weh tut. Aber ein Indianer kennt keinen Schmerz. Candace hat immer gesagt, ich sei ein großartiger Küsser – und bei so einem Kompliment wird man natürlich noch viel öfter zur Rothaut.

In einem Radiointerview werde ich mal gefragt: „Was sehen Sie, wenn Sie sich im Spiegel anschauen?" Ich antworte: „Ich sehe mich, so wie ich früher war." Deswegen gehe ich heute auf die Leute genauso locker zu wie früher. Und wenn mich jemand trifft und sagt, er mag nicht, wie ich aussehe, dann sage ich immer nur: „Das ist schade, aber es gibt genug andere, die mich mögen." Wenn mich einer nicht leiden kann, muss ich nicht um seine Gunst buhlen. Und das Leben ist doch lustig, wieso soll ich mir das vermiesen? Die beste Reaktion hatte ich in einer Hamburger Kneipe: Ich komme mit jemandem rein, und da steht ein etwas angesäuselter Typ. Der guckt mich an und sagt: „Mann, siehst Du scheisse aus! Das hat bestimmt weh getan." Das finde ich klasse, das ist völlig unverfälscht, nur ehrlich – außerdem war das ja auch meine erste Reaktion auf mich selbst. Ich habe mit dem ein bisschen geredet, und irgendwann sagt er: „Ich glaube, ich muss Dir jetzt einen Drink spendieren." Darauf schlage ich ihm auf die Schulter und sage: „Ist schon okay, Alter." Die Fotos, die der STERN für einen Artikel von mir gemacht hat, sind für mich die besten, die jemals in meinem Leben von mir gemacht wurden. Da kann ich mich besser drauf leiden als auf Bildern vor dem Unfall. Deshalb wurde auch eins davon für den Umschlag dieses Buches ausgewählt. Früher hatte ich ein Gesicht, das in der Menge untergegangen ist, heute vergisst es keiner.

Noch mehr Operationen

Im März 1999 komme ich mal wieder nach Boberg zurück. Mein linkes Handgelenk hängt abgewinkelt nach unten, da das Feuer die Sehnen so schwer beschädigt hat, dass sie sich verkürzt haben. Ich kann die linke Hand also überhaupt nicht benutzen. Oft stehe ich vor einer Aufgabe und überlege, wie man das eigentlich mit zwei Händen macht. Dann überlege ich, wie es auch mit einer geht. Das funktioniert aber nicht immer. Und so soll bei diesem Aufenthalt die Kontraktur gelöst werden, damit das Handgelenk begradigt werden kann. Das funktioniert aber nur, solange die Gelenke nicht verknöchert sind – und ich habe Glück.

Sonntags vor meiner Rückkehr nach Boberg fühle ich mich nicht sonderlich wohl. Ich gehe ungern nach Boberg, weiß aber eigentlich nicht warum. Die Station ist mir ebenso vertraut wie die Vorgänge rund um die Operation. Auch die Leute kenne ich fast alle, es sind sogar einige Patienten vom letzten Mal wieder da. Dienstag werde ich untersucht, für Mittwoch ist die Operation angesetzt. Ich liege wieder in meinem alten Zimmer, aber mir ist unwohl. Mittwochmorgen werde ich in den OP geschoben, und bald schwinden mir die Sinne. Als ich aufwache, wird mir klar, warum ich mich so gesträubt habe.

Ich liege mit anderen Patienten, die am gleichen Tag operiert worden sind, zusammen in einem Aufwachraum. Es sind zwei oder drei, und wir befinden uns alle in einem unterschiedlichen Stadium des Wachwerdens. Einige haben Schmerzen und stöhnen oder rufen nach der Schwester, die ständig im Raum ist. In diesem halbwachen Stadium reagiere ich auf alle Geräusche besonders empfindlich, so dass sie mir wie Krach vorkommen. Eine natürliche Reaktion wäre, den Krach entweder abzustellen oder den Ort zu verlassen. Aber beides ist mir nicht möglich, und ich bin gefangen. Ich schlafe immer wieder ein und es scheint ewig zu dauern, bis ich endlich von den Stationsschwestern abgeholt und in mein Zimmer geschoben werde. Diese Situation ist mir so unangenehm, dass es mir immer schwerer fällt, ins Krankenhaus zurückzukehren. Aber solange sich bei jeder Operation immer noch etwas verbessert, nehme ich das gerne in Kauf. Bis alles fertig ist, kann es durchaus noch drei bis vier Jahre dauern. Aber nur, wenn jedes Jahr mindestens zwei Krankenhausaufenthalte möglich sind.

Wieder im Cockpit

Im Juli 1999 steige ich erstmals seit dem Unfall wieder ins Cockpit einer Cessna, natürlich nur auf den Copilotensitz. Für einen SAT 1-Beitrag, der sich mit der Faszination des Fliegens auch für solche Piloten beschäftigt, die schon mal abgestürzt sind, drehe ich in Uetersen bei Hamburg ein paar Runden. Der Pilot ist ein Fliegerfreund von mir, der Fluglehrer Floris Helmes, der auch schon mal verunglückt ist und den ich aus dem Krankenhaus kenne. Auf dem Flugplatz bin ich noch ziemlich gelassen, doch als wir im Flieger sitzen, wird mir etwas mulmig. Vorn drin ist eine Kamera installiert, und vor uns am Ende der Piste liegt ein Wald. Ich denke: „Das letzte Mal, als du in einem kleinen Flieger gesessen bist, bist du in den Wald gekracht. Und da vor dir liegt wieder ein Wald." Doch in dem Moment, als Floris den Motor anstellt, fühle ich mich wie zu Hause, alle Beklemmungen sind verflogen. Das geht alles noch wie im Schlaf, die ganzen Checks vor dem Start. In der Luft steuere ich auch ein bisschen, und Floris sagt: „Du, es kommt mir vor, als seiest Du gestern das letzte Mal geflogen." Der Flug dauert 20 Minuten, genau die richtige Zeit, und die Landung ist richtig klasse. Floris grinst und sagt: „Man kann ja nicht jedes Mal in den Wald krachen, wenn man fliegt."

Mitfliegen werde ich bestimmt immer können, aber ich habe mich schon seelisch drauf vorbereitet, dass ich wohl selber nicht mehr fliegen werde, weil ich einfach kein Medical mehr kriegen werde. Der Hauptgrund dafür ist, dass ich mit der linken Hand ein Flugzeug nicht mehr so kontrollieren kann, dass ich es in allen Situationen voll im Griff habe. In einer Kurve von 60 Grad herrschen schon Kräfte von 2 g – der doppelten Erdanziehung. Das kann schon zu Problemen führen, da die linke Hand ja nicht mehr voll einsetzbar ist. Aber das ist nicht so schlimm, ich habe ja fliegerisch alles erreicht, was man nur machen kann. Ich habe die schönsten Plätze der Welt gesehen. Und was ich in 1500 Flugstunden erlebt habe, das schaffen manche Leute ihr ganzes Fliegerleben nicht.

Phoenix – Hilfe für Brandverletzte

Phoenix ist eine amerikanische Brandverletztenorganisation, an der sich die von mir mitgegründete Organisation gleichen Namens vor allem orientiert. Wir wollen ja das Rad nicht neu erfinden, und so übertragen wir deren Erkenntnisse auf unsere Bedürfnisse. Wir haben einen Mitgliederstamm von etwa 40 Leuten im ganzen norddeutschen Raum. Von denen kommen inzwischen immer schon 15 bis 20 Leute zu den Treffen in Boberg. Sobald eine Struktur drin ist und sich niemand selbst zu profilieren versucht, gibt es eine sehr große Nachfrage und reges Interesse an so einer Organisation.

Der Klinikpfarrer und Psychologe Christian Braune kümmert sich um die akuten Fälle in Boberg und wir um jene, die aus der behüteten Umgebung der Klinik in die Außenwelt entlassen werden. Hauptziel von Phoenix ist es, die Akzeptanz von Brandverletzten in der Öffentlichkeit zu erhöhen, damit sie nicht mehr scheel angeguckt werden. Das wollen wir durch medienwirksame Aktionen erreichen. Ausserdem werden wir in Zusammenarbeit mit der Universität Bielefeld und einem Sporttherapeuten der Reha-Klinik Bad Oeynhausen eine Diplomarbeit zum Thema „Die Wirkung von Sport auf Brandverletzte in psychischer und physischer Hinsicht" vergeben. Ein wichtiges Ziel von Phoenix ist auch die präventive Arbeit, in dem man etwa in Schulen darüber aufklärt, wie man z.B. einen Holzkohlengrill gefahrlos bedient. Wenn ein Brandverletzter seine Geschichte erzählt und die Feuerwehr mit einer praktischen Übung vormacht, wie gefährlich es beim Grillen sein kann, erreicht man mehr als mit allen theoretischen Beschreibungen und Warnungen. Das vergessen die Kinder nie. Wir wollen auch darüber aufklären, was man bei Brandverletzungen machen kann und wo sich Brandverletzte hinwenden können. Dazu haben wir eine Homepage im Internet erstellt (www.phoenix-deutschland.de). Um Brandverletzten nach der Entlassung aus einem oft mehrmonatigen Krankenhausaufenthalt die Wiedereingliederung in die Familie zu erleichtern, wollen wir ihnen praktische Hilfe bieten. Etwa bei Behördengängen oder beim Stellen von Kuranträgen bei der Krankenkasse. Dazu können die Leute über Christian Braune, über mich oder unsere Website Kontakt zu uns aufnehmen. Wir wollen aber auch während der regelmäßig stattfindenden Brandverletzungs-Nachuntersuchungen in Boberg in einem eigenen Büro anwesend sein. Allerdings ist das bis jetzt noch Zukunftsmusik.

Ich selbst will im Monat 20 bis 30 Stunden für Phoenix arbeiten. Neben der Arbeit mit Verletzten selbst müssen wir ja auch Sponsorengelder organisieren, was wir zum Beispiel durch ein Benefizkonzert versuchen wollen. Der Vorstandssprecher der Hamburgischen Elektrizitätswerke (HEW) ist ein Fliegerfreund und hat mir zugesagt, dass er uns unterstützen wird. Die Hamburger Senatorin für Gesundheit, Arbeit und Soziales will die Schirmherrschaft von Phoenix Deutschland übernehmen. Helfen wollen uns auch verschiedene andere große Firmen. Nur mit solcher Unterstützung können wir zum Beispiel einen eigenen Brandverletztenkongreß an der Ostsee durchführen.

Mein Ziel ist es, das Projekt zum Laufen zu bringen. Dafür habe ich mir eine Frist von fünf Jahren gesetzt. Ich will aber nicht zum „Berufsbehinderten" werden, dessen ganzer Lebensinhalt diese Arbeit ist. Nach dieser Frist werde ich mich als normales Mitglied betätigen, und weiter die Homepage betreuen, bei der uns auch eine junge Medienprofessorin der Uni Ludwigsburg hilft. Presse- und PR-Arbeit für Phoenix werde ich aber sicher auch weiterhin machen.

Im Moment nutze ich das große Interesse der Medien, die ein verbranntes Gesicht zeigen und meine Geschichte erzählen wollen, um

Phoenix bekannt zu machen. Es lohnt sich, für dieses Ziel sich seelisch vor der Kamera zu entkleiden – wenigstens zum Teil. Natürlich schmeichelt es mir, dass ich dadurch Phoenix zum Erfolg führen kann. Nichts ist schlimmer, als kein Interesse für eine gute Sache erwecken zu können. Würde es Phoenix nicht geben, würde ich mir das ersparen. Mein Sendungsbewußtsein ist nicht sehr ausgeprägt, und ich würde darum bitten, mich in Ruhe zu lassen.

Was ich in ein paar Wochen des gesteigerten Medieninteresses gelernt habe, kann einem kein Kurs an der Uni oder sonstwo vermitteln. Wie die Medien funktionieren, ist kein Geheimnis mehr für mich – und das ist auch gut für Phoenix.

Zukunftsvisionen

Wenn ich es mir leisten könnte, würde ich gern eine Wein- und Käsehandlung aufmachen. Dort gäbe es ein Bistro, wo die Leute ihre gekauften Sachen verspeisen könnten. In diesem Bistro würde ich auch einen Tisch für Arme einrichten, wo es einmal am Tag umsonst eine warme Mahlzeit für Bedürftige gäbe. Ich glaube, das wäre eine schöne Art Dank zu sagen, für die Hilfe, die mir in meiner schwersten Zeit zuteil geworden ist.

Etwas realistischer ist jedoch mein Plan, mich im Internet als Web-Publisher zu tummeln und Home Pages für Leute und Firmen zu erstellen. Ich habe schon einige Interessenten an der Hand, ohne dass ich dafür überhaupt Werbung gemacht hätte. Ich kann am Computer mit meinen ein-einviertel Händen schneller schreiben als die meisten Leute mit beiden Händen und zehn Fingern. Vielleicht bekomme ich auch einen Job am Flughafen, das wäre grandios. Da würde ich wohl so ziemlich alles machen, nur um dort zu sein. Oder ich könnte Luftfahrt-Literatur vom Englischen ins Deutsche übersetzen. An Ideen mangelt es mir nicht, höchstens an den Möglichkeiten.

Ich habe auch den Gedanken noch nicht ganz aufgegeben, eine Familie zu gründen. Aber es fällt heute den Leuten schon unter normalen Umständen sehr schwer, sich zusammenzuraufen. Da ist es mit den Einschränkungen, mit denen ich leben muss, sicher noch schwieriger. Trotz meiner momentan guten Verfassung darf man nicht vergessen, dass ich zu 100 Prozent schwerbehindert bin. Ich kann zum Beispiel nicht in heiße Länder reisen, weil ich keine Schweißporen mehr habe. Wenn es draußen wärmer als 16 Grad Celsius wird, kann ich kaum mehr als 400 Meter laufen, weil der Kreislauf das dann wegen eines Hitzestaus nicht mitmacht. Im Sommer muss ich an warmen Tagen zu Hause im abgedunkelten Raum sitzen und mich möglichst wenig anstrengen.

Außerdem biete ich nicht das Potenzial, mal ein finanziell erfolgreicher Berufstätiger zu werden, auf den eine Frau stolz sein kann und bei dem sie sich sicher fühlt. Und wenn man dann noch mein Aussehen dazunimmt, ist klar, dass der erste Schritt zu einer Beziehung, die dann zu einer Familie führen könnte, sehr schwierig ist. Wenn man sich erstmal richtig kennengelernt und es gefunkt hat, man sicher ist, man passt zueinander, dann ist es sicher kein Problem mehr. Aber die erste Hürde, die ist sehr schwierig zu nehmen. Wenn der Unfall nicht passiert wäre, würde ich heute womöglich in der Südsee herumfliegen und eine Art Nomadenleben führen, da wäre es mit Familie erstmal auch kaum etwas geworden.

Zur Zeit läuft eine Klage auf Schmerzensgeld und Schadenersatz gegen Haralds Flugzeughalter-Haftpflichtversicherung, weil ich ja schwere Schäden erlitten habe und nicht mehr als Berufspilot arbeiten kann. Das wird noch einige Zeit dauern, bis es zu einer Einigung kommt, noch laufen die Vorstellungen über die zu zahlende Summe um den Faktor zehn zwischen beiden Seiten auseinander. Ich muss vor allem zusehen, dass ich versorgt bin, wenn später im Leben weitere Komplikationen auftreten sollten. Ich werde zum Beispiel immer Pflegekräfte bezahlen müssen, für die das Geld von der Pflegeversicherung nicht ausreicht. Natürlich wäre es mir viel lieber, anstatt vielleicht einen Haufen Geld zu kriegen, gesund zu sein. Geld kann meine Leiden gar nicht aufwiegen, und Harald kann es mir auch nicht zurückbringen. Den vermisse ich am meisten.

Adressen

Phoenix Deutschland

Krankenhausanschrift:
Phoenix Deutschland
BUK Hamburg
c/o Christian Braune
Bergedorferstr. 10
21033 Hamburg

Hauptstelle:
Phoenix Deutschland
Postfach 1220
24560 Kaltenkirchen
Tel.: 0 41 91 / 77 04 35
http://www.phoenix-deutschland.de

Stiftung Mayday

Kontaktadresse:
Stiftung Mayday
Lerchesbergring 24
60598 Frankfurt
Tel.: 0 69 / 9 68 71 70
http://www.vcockpit.de/mayday/index.html

Bildnachweis

Karin Rocholl/STERN: Titel

Archiv Bernhard Heitz:
Titel (2x), Bildtafeln 1, 2(2x), 5(2x), 6, 7(2x), 8, 10/11, 12, 14(2x), 15(3x), 20(2x), 21(2x), 22(oben)

Andreas Spaeth:
Bildtafeln 3(2x), 4, 9, 13(2x), 16, 17, 18, 19(2x), 22(unten), 24

Berufsgenossenschaftliches Unfallkrankenhaus Hamburg:
Bildtafeln 23(3x),